GEBET ALS
BEGEGNUNG

Kontemplatives Leben

im 21. Jahrhundert

Charles Bello &
Kristian Reschke

Charles Bello und Kristian Reschke legen mit „Gebet als Begegnung" einen Reiseführer vor, der uns in eine „erlöste" und „befreite" Beziehung zu Gott, uns selbst und unserm Nächsten führt.

Der Reiseführer beginnt beim Zerbruch beider Autoren und erzählt ihre Pilgerreise zu einem jesusmässigen Lebensstil. Zum Ausgangspunkt schreibt Charles Bello: „Für mich hatte es zehn Jahre gebraucht, bis ich so am Ende war, wirklich ehrlich in die Liebe Gottes eintauchen zu wollen. Ich wusste nicht, was mich dort erwarten würde. Mein ganzes Leben hatte ich versucht, meinen inneren Schmerz beiseitezuschieben, ihn zu verleugnen und einfach immer nur vorwärts zur nächsten Aktivität zu springen. Ich war zutiefst dankbar, dass Gottes Einladung zur intimen Begegnung mit ihm immer noch galt."

Die Ehrlichkeit der Beiträge ist ermutigend und befreiend, die Lösungsansätze sind es genauso. Wir erleben anhand der biografischen Erfahrungen von Charles und Kristian, wie sie aus einem wirkungsorientierten Christsein zu christusorientiertem Wirken unterwegs sind. Dabei geht es beiden nicht um die Darstellung eines perfekten Christseins, sondern vielmehr darum sich mit Jesus Christus auf den Weg zu begeben. Sie schreiben: „Heutzutage dreht sich unsere

Jesusnachfolge zu sehr darum, dass wir vor allem nach außen hin gut dastehen. Wer sich allerdings danach sehnt, geistlich authentisch zu leben, folgt Jesus im öffentlichen und privaten Raum gleichermaßen.

Charles und Kristian sind bewährte Vineyard Leiter, die besonders Leiterinnen und Leiter einladen möchten diesen Lebensstil zu ergründen, ja zum Fundament ihres Menschseins und Christseins zu finden. Es gibt bestimmt verschiedene Zugänge zu diesem tiefen, friedlichen von der Gegenwart des Heiligen Geistes geprägten Lebens, doch finden mehr und mehr Menschen bei den Erfahrungen unserer Kirchenväter und vorangegangener Generationen von Leitenden eine große Ermutigung zu dem von ihnen beschriebenen Weg zur Freiheit.

Martin Bühlmann,
Leiter Vineyard Deutschland, Österreich, Schweiz

Gebet als Begegnung." Der Titel dieses Buches ist in doppeltem Sinn zutreffend. Denn schließlich entstand es aus einer Reihe von intensiven, persönlichen Begegnungen der beiden Autoren. Und vor allem: Es nimmt uns mit hinein in das Geheimnis der Begegnung mit Gott als zentraler Lebensäußerung unseres Glaubens. Der Weg, den beide gegangen sind, ist sicher für viele Leser nachvollziehbar. Dass wir am Anfang unseres Weges unsere christliche Identität häufig zunächst durch Aktion und Leistung definieren, hängt mit der uns umgebenden und prägenden westlichen Kultur zusammen. Dass Gott in seiner Gnade auch diese Wege mit uns geht und uns darin segnet, ist ein Geschenk. Dass er uns dann aber weiterführen will, vom Tun zum Sein, ist ein noch größeres Geschenk. Dass wir am Ende ein Ja finden dürfen zu allen Phasen unseres Lebens, und im Tun und im Sein, im Laufen und im Ruhen, die gute Gegenwart des Gottesgeistes entdecken, ist mein Gebet und meine Hoffnung. Der Weg der geistlichen Erneuerung, der hier beschrieben wird, ist aber ebenfalls kein Wert in sich selbst. Sondern letztlich gilt das, was Paulus im Brief an die Christen in Rom schreibt: „Ja, so ist es: Von ihm her und durch ihn und zu ihm hin bestehen alle Dinge! Ihm sei alle Ehre bis in die fernsten Zukunftszeiten!" (Röm 11, 36, Übersetzung „dasbuch.NT") In diesem Sinne wünsche ich diesem wertvollen geistlichen Wegweiser zu einem Leben mit, für und in Jesus eine weite Verbreitung.

Dr. Roland Werner,
Generalsekretär CVJM Gesamtverband Deutschland,
Prior Christus-Treff Bewegung Marburg, Berlin, Jerusalem

„Ich liebe dieses Buch! Die Autoren haben beide einen weiten Blick und viel Erfahrung. Kristian und Charles haben was zu sagen und ihre Gedanken sind mehr als Ideen. Sie funktionieren. „Gebet als Begegnung" trifft den Kern unsrer Beziehung mit Gott - und das nicht oberflächlich. Daher sind diese Seiten ein echter Gewinn!"

Marlin Watling,
Leitungsteam Vineyard Heidelberg,
Autor von „Natürlich/Übernatürlich"

Meine eigene Spiritualität wurde stark von Tony Jones, Richard Foster und Dallas Willard geprägt. Deshalb freut es mich ungemein, ein praktisches und erfrischendes Buch in dieser Tradition auf Deutsch zu sehen. Charles Bello und Kristian Reschke geben dem kontemplativen Leben einen Rahmen, der von hoher Relevanz für unsere Zeit ist. Gleichzeitig leiten sie an, einen individuellen geistlichen „Fitnessplan" zu entwickeln. Ein äußerst hilfreicher Beitrag zu radikaler geistlicher Balance!

Christoph Schalk
Psychologe, Coach und Therapeut
Leiter der weltweiten Beratungsarbeit von NCD International

Ich kenne Kristian Reschke seit über 20 Jahren. Was uns in der ersten Zeit stark verbunden hat, war, neben der Vision für die Jesusfreaks, das Thema Gebet. Ich kann mich an viele Gebetszeiten erinnern, wo wir gemeinsam vor Gottes Thron standen und über Stunden gebetet und angebetet haben. Diese Zeiten mit Kristian gehören zu den intensivsten Erfahrungen, die ich als Christ und Leiter in der Vergangenheit machen durfte. Ich wünsche mir, dass durch dieses Buch viele Christen neu ermutigt werden, sich auf das Gebet in einer neuen Art und Weise einzulassen. Ein Christ, der betet, begegnet Gott, dem Schöpfer des Universums. Bei Ihm können wir auftanken, zur Ruhe kommen, uns inspirieren lassen und Wunder erwarten.

Martin Dreyer
Gemeindegründer, Vordenker,
Übersetzer der „Volxbibel".

Ich gestehe: Ich lese ungern Bücher über das Gebet - sie halten mich vom Beten ab! Früher habe ich nicht wenige Bücher über das Gebet gelesen; immer in der Erwartung, einen neuen Aspekt des Gebets zu erfahren, der mir bisher entgangen ist, oder von Gebetserfahrungen zu lesen, die mir fremd waren, aber meine Beziehung zu Jesus bereichern könnten. Irgendwann hatte ich das Gefühl, alles schon einmal irgendwo gelesen zu haben. Bei 1,08 m Inanspruchnahme meiner Bücherregale zum Thema Gebet habe ich das Kaufen (und Lesen) eingestellt ... und erweitere diesen Bereich nun herzlich gern um dieses Buch von Kristian und Charles.

Es ist den beiden Autoren gelungen, ein Buch zu schreiben, das die Kraft hat, nicht nur unterschiedliche Dimensionen verborgener Wege des Gebets aufzuzeigen, sondern einer postmodernen, jungen Generation ins Herz zu sprechen. Es war höchste Zeit, dass das große Abenteuer des Gebetes als eine intime Begegnung zwischen dem ewigen, leidenschaftlichen Gott und uns Menschen noch einmal neu geschrieben wird – für Menschen, die in der Grenzen- und Rastlosigkeit unseres verrückten Lebens den Kontakt zu Gott und zu sich selbst zu verlieren drohen. Die Worte von Kristian und Charles klingen wie eine Fanfare; sie blasen zum Aufbruch und möchten uns einladen, diesen Gott neu zu suchen und von ihm in seiner ganzen Liebe, Heiligkeit, Sanftheit und Herrlichkeit überrascht und verwandelt zu werden – absolute adventure!

Dr. habil. Michael Bendorf,
Pastor der EFG Hannover-Walderseestraße

Deutsche Ausgabe:
© 2012 Grain-Press, Verlag des Fördervereins Grain-House e.V.
Marienburger Str. 3
71665 Vaihingen/Enz
eMail: verlag@grain-press.de
Internet: www.grain-press.de

Übersetzung aus dem Englischen: Kristian Reschke
Satz: Grain-Press
Cover: Grain-Press, Adaption der Originalvorlage.

Bibelzitate sind, falls nicht anders angegeben, der NT NGÜ und AT Neue Gute
Nachricht entnommen

Das Buch folgt den Regeln der Deutschen Rechtschreibreform. Die Bibelzitate
wurden diesen Rechtschreibregeln angepasst.

ISBN 978-3-940538-22-2

(Amerikanische Originalausgabe: ISBN 978-0-9679781-4-7)

CHARLES ÜBER KRISTIAN

Meine Freundschaft mit Kristian begann 1999 in Penang, Malaysia, wo ich eingeladen war, um über *Power-Ministry* zu lehren. Kristian war einer meiner Studenten. Als wir uns ein Jahr später am gleichen Ort wieder trafen, war Kristian selber als Trainer zum Modul *Vaterliebe Gottes* eingeladen. Spontan bot ich ihm an, mein Modul zusammen mit mir zu lehren. Wir hatten eine Menge Spaß und es entwickelte sich eine Freundschaft. In den folgenden Jahren schlossen ich, Dianna und meine Kinder Kristian und seine Frau Kim immer mehr in unser Herz – genauso wie Kristian und Kim mich und meine Familie auch immer mehr in ihr Herz schlossen. In den vergangenen 12 Jahren haben wir lange Gespräche über die Geheimnisse Gottes, unsere Ehen, Kämpfe und Abenteuer geführt, gemeinsam Workshops gegeben und waren sowohl in guten Zeiten als auch in schwierigen Zeiten ehrlich miteinander.

Als Dianna und ich 2004 in einem tiefen Burnout landeten, war ich verwirrt und wusste nicht wie es weiter gehen sollte. Ich hatte gelernt, Christus in die Dunkelheit der Welt zu folgen, aber ich wusste nicht, wie ich Ihm in meine eigene Dunkelheit folgen sollte. Ich entdeckte, dass Gottes Liebe mich nicht nur dazu antrieb, andere Menschen zu segnen, sondern auch mich selber segnen wollte. Die Entdeckung des kontemplativen Gebets half mir in dieser Zeit, in Gottes Liebe zu ruhen und tiefe Verwandlung zu erleben.

Was ich an Lektionen zu diesem Thema lernte, fasste ich schließlich 2008 in meinem Buch *Prayer as a Place* zusammen. Während dieser Zeit teilte ich meine Erlebnisse und neuen Einsichten mit meinem Freund Kristian. Er übernahm meine Aufzeichnungen, fing an sie zu leben, zu lehren und weiterzuentwickeln. Als er mir 2012 vorschlug mein Buch zu übersetzen, riet ich ihm, doch lieber das Beste von mir zu übernehmen und sein eigenes Buch zu schreiben. Wir trafen uns dann in der Mitte und integrierten seine Geschichte in meine. Ich freue mich, dass es so gekommen ist, denn Gott hat unsere Leben und Geschichte, seit wir uns 1999 kennengelernt haben, miteinander verstrickt. Dieses Buch ist das Ergebnis unserer persönlichen Reisen und unserer gemeinsamen Freundschaft.

KRISTIAN ÜBER CHARLES

Charles und ich lernten uns 1999 auf einer Missionsschule in Malaysia kennen, die ich als Student besuchte. Ich war damals noch relativ unerfahren, was die Kraft Gottes anging und sofort durch die Mischung von Humor und Vollmacht, die ich bei ihm wahrnahm, schwer beeindruckt. Obwohl Dämonen ausfuhren und Kranke gesund wurden, wenn er betete, wirkte er weder verspannt noch überheilig, wie ich es bei anderen „geistlichen Schwergewichten" teilweise erlebt hatte. Wenn er Fehler machte, gab er diese offen zu und lachte sogar über sich selber. Man fühlte sich wohl mit ihm – er war ein ganz normaler Typ, der die Werke Jesu mit Kraft tat. Genau so wollte ich auch werden.

Als wir während einer Pause durch einen Park gingen, fing er an einige Affen zu ärgern, die in der Nähe spielten, und verwickelte dann, als diese ihn angriffen, eine unserer Studentinnen in sein Schlamassel (diese wurde bleich vor Angst, als sie einer Horde fauchender Affen gegenüberstand!). Kurz darauf bat er mich, mit in ein Krankenhaus zu kommen. Wir beteten für einen 12-jährigen Jungen, der im

Sterben lag, während seine Eltern weinend am Bett standen (ich war bisher weder vor Affen[1] geflohen noch hatte ich für einen Sterbenden gebetet). Die Kraft Gottes durchflutete den Raum, während Charles betete, und ich sah wie der Junge eine Begegnung mit Jesus hatte. Ich konnte nicht fassen wie jemand, der eben noch so einen Quatsch gemacht hatte, jetzt in Vollmacht diente. Ab diesem Zeitpunkt hängte ich mich an Charles, um mehr von ihm zu lernen, und es entwickelte sich eine Freundschaft.

Als Kim und ich 2002 in eine Ehekrise schlitterten, halfen Charles und Dianna mit allen ihnen zur Verfügung stehenden Ressourcen unsere Ehe zu retten. Unsere Beziehung vertiefte sich dadurch sehr. Charles kam in den letzten Jahren oft mit Teams nach Deutschland, ich übersetzte ihn und wir gaben gemeinsam Workshops.

Seitdem *Prayer as a Place* 2008 in den USA erschienen war, hatten Kim und ich den Gedanken das Buch ins Deutsche zu übersetzen. Dass Charles und ich das Buch nun sogar zusammen herausbringen, ist für mich ein großer Segen und ich bin Gott sehr dankbar dafür. Was ich so an Charles schätze, ist sein Mut, immer mit dem Hereinbrechen des Himmels zu rechnen und dementsprechend Risiken einzugehen. Charles hat feste Werte, die er nicht kompromittiert und hat, seit ich ihn kenne, nicht aufgehört, sich nach mehr von Jesus auszustrecken.

---

[1]   Wenn du in Asien in einem Park bist, ärgere niemals Affen – sie holen immer ihre ganze Sippe zu Hilfe!

VON PRAYER AS A PLACE ZU GEBET ALS BEGEGNUNG

Gebet als Begegnung wurde zuerst 2008 von Charles Bello unter dem Titel *Prayer as a Place – Spirituality that transforms* in den USA veröffentlicht. Einige Freunde von mir und ich lasen das Buch damals mit großem Interesse und fingen an, die Vorschläge von Charles zu einem kontemplativen Lebensstil in unserem Alltag umzusetzen. In den kommenden Jahren verwendete ich immer wieder Auszüge des Buches in meinen Workshops und bekam dafür immer wieder gutes Feedback. Bei einem gemeinsamen Spaziergang kamen Charles und ich Anfang 2012 zu der Überzeugung, dass es an der Zeit wäre, das Buch ins Deutsche zu übersetzen. Da Charles und ich seit vielen Jahren gute Freunde sind und ich ihn bei seinen Deutschlandbesuchen oft übersetzt habe, gab er mir jeglichen Freiraum das Buch so zu bearbeiten, dass es sich gut in den deutschen (europäischen) Kontext einfügen würde. Zusätzlich beschlossen wir, dass ich Teile überarbeiten und meine eigenen Inhalte einarbeiten sollte. Um klar zu stellen, aus wessen Perspektive gerade erzählt wird, haben wir unsere Namen (in Klammern) in die entsprechenden Absätze eingebaut.

Beim Übersetzen wurde schnell klar, dass es für einige der von Charles verwendeten Begriffe kein deutsches Äquivalent gibt, das treffend genug ist. Um den Lesefluss zu wahren, habe ich deswegen einige Begriffe direkt aus dem Englischen übernommen; für die meisten Begriffe ist eine Erklärung in der Fußzeile eingefügt.

Kristian Reschke

BEGRIFFLICHKEITEN

Da einige der verwendeten Begriffe nicht in unserer Alltagssprache verankert sind oder je nach Couleur unterschiedlich gedeutet werden, wollen wir kurz erläutern, wie *wir diese Begriffe im Folgenden verwenden werden.*

Geistliche Kulturen sind unsere Geistlichkeit fördernde Lebensangewohnheiten, die wir in unserem Leben kultiviert haben. Sie helfen uns dabei, in unserer Jüngerschaft zu wachsen und uns so zu positionieren, dass der Heilige Geist uns mehr in Jesus verwandeln kann. Austauschbare Begriffe für geistliche Kulturen sind: geistliche Übungen, geistliche Disziplinen.

Mit **Kontemplation** meinen wir das Betrachten, Hören, Wahrnehmen Gottes – einzig mit dem Zweck, Ihm zu begegnen.

Unter **kontemplativem Gebet** verstehen wir Gebet als Ort der Begegnung mit Gott, an dem Er die Agenda für die gemeinsame Zeit vorgibt.

Der Begriff **Spiritual Formation** beschreibt unsere persönliche, ganzheitliche geistliche Entwicklung und Ausrichtung – diese erlebt jeder Mensch, egal ob er Terrorist oder Mönch ist. Der christliche Begriff der Spiritual Formation geht davon aus, dass der Heilige Geist uns in Jesus verwandeln will und dass wir diese Verwandlung, durch unsere Zusammenarbeit mit Gott, positiv beeinflussen können.

Mit Reise ins Innere oder innere Reise meinen wir das

(mit Jesus) gemeinsame Beschauen der verborgenen Motive, Einstellungen und Regungen unserer Seele mit dem Zweck der Verwandlung aller Dinge in uns, in den Charakter von Jesus.

Mit **Reise ins Innere** oder **innere Reise** meinen wir das (mit Jesus) gemeinsame Beschauen der verborgenen Motive, Einstellungen und Regungen unserer Seele mit dem Zweck der Verwandlung aller Dinge in uns, in den Charakter von Jesus.

Einführung

In einer scheinbar immer schneller werdenden Welt erleben manche von uns die persönliche Gottesbeziehung nur noch als weiterer Punkt auf ihrer sowieso schon zu langen To-Do-Liste.

Wir kommunizieren mit Freunden hauptsächlich per SMS, Handy oder Facebook und fühlen uns überfordert, dass wir mit Gott auf einmal persönlich reden sollen. Der Gedanke daran, eine tiefe Gottesbeziehung zu leben, scheint uns surreal und antiquiert – hätte Gott ein Handy oder einen Facebook-Account, würde es schon gehen – aber ihn real treffen? Wo habe ich denn Ruhe dafür? Von der Zeit, die mich das kostet, ganz zu schweigen!

Es bleibt für viele von uns nur der sonntägliche Gottesdienst - schnell runterschalten, schnell auf Input gehen, schnell empfangen und dann schnell weiter. Wir hoffen, dort einige ermutigende Worte von dem zu erhalten, der immerhin dafür bezahlt wird, dass er mit Gott redet – dem Prediger.

Charles und ich haben es beide an verschiedenen Punkten in unserem Leben so oder so ähnlich erlebt. Wir standen beide in der Gefahr, unsere Gottesbeziehung als weiteres Add-on in unserem Lebensbrowser zu betreiben und somit das echte Leben, das Leben in Fülle, das Jesus denen verspricht, die ihm folgen, in die Gosse zu schütten.

Wir wollen mit diesem Buch zu einem Lebensstil einladen, der die Begegnung mit Gott in den Mittelpunkt stellt. Dieses Leben aus der Nähe mit Ihm geschieht nicht nur im Gottesdienst, sondern überall, wo wir es zulassen. Beziehung mit Ihm findet im Bus, im Café, beim Fußball, Fernsehen, am PC oder unter der Dusche statt – wir setzen das Limit.

Dieses Buch ist nicht für Spezialisten gedacht, die sich aufmachen, um sich in tiefen mystischen Erfahrungen zu bereichern. Es ist an all jene gerichtet, die genug von der Mittelmäßigkeit des christlichen „Mainstreams" haben und sich im alltäglichen Leben tiefgreifende Begegnungen mit Gott wünschen. Wir wollen dabei nicht einzelne Tricks weitergeben, sondern zu einem Lebensstil einladen, in dem unser Alltag Raum für Begegnung mit Ihm zulässt.

Aber Vorsicht - sich auf ein Leben der Begegnung mit Gott einzulassen, birgt enormes Risiko für jeden Bestandteil deines Lebens, denn Gottes Nachname ist Veränderung[II].

II   Überall, wo Gott auftaucht, geschieht Veränderung in Gott – in seiner Gegenwart kann nichts so bleiben wie es ist. Die Bibel ist ein Bericht über das verändernde Eingreifen Gottes in den Kosmos.

FÜR DIANNA

FÜR KIMBERLEY-JANE

Inhaltsverzeichnis

Erster Teil - Christus nach innen folgen

Zweiter Teil - Uralte Pfade der christlichen Spiritualität neu entdecken

Kapitel 3 - Eine bleibende Veränderung erleben

Christus nach innen folgen

Kapitel 1

Eine Einladung und eine Warnung

So mache ich es mit allen, die ich liebe: Ich decke auf, was bei ihnen verkehrt ist, und weise sie zurecht. Darum mach Schluss mit deiner Gleichgültigkeit und kehre um! Merkst du nicht, dass ich vor der Tür stehe und anklopfe? Wer meine Stimme hört und mir öffnet, zu dem werde ich hineingehen, und wir werden miteinander essen – ich mit ihm und er mit mir. Dem, der siegreich aus dem Kampf hervorgeht, werde ich das Recht geben, mit mir auf meinem Thron zu sitzen, so wie auch ich den Sieg errungen habe und jetzt mit meinem Vater auf seinem Thron sitze.

(Offenbarung 3, 19-21)

Als ich 1994 im Gebet war und Gott darum bat, mich mehr für den geistlichen Dienst zu bevollmächtigen, hörte ich Ihn plötzlich zu meinem Herzen flüstern: *„Charles, wenn du nicht zulässt, dass ich dich liebe, wirst du deinen Lauf nicht vollenden. "* Ich dachte eine Weile über diese Worte nach. Es klang nach einer Einladung, aber auch nach einer Warnung. Ich arbeitete seit über zehn Jahren vollzeitlich als Pastor und hatte sehr oft über die Liebe Gottes gepredigt. Dazu hatte ich sogar den speziellen Ruf, eine sehr liebevolle und freundliche Person zu sein.

Ich fragte Gott: „Wie kann ich mich von dir lieben lassen?" Seine Antwort kam, indem ich eine Serie von Bildern vor mir sah, in denen ich jeweils eines meiner Kinder in den Armen hielt. Meine Kinder taten dabei nichts, als nur in meinen Armen zu ruhen und sich von mir lieben zu lassen. Es schien so, als wenn Gott mir sagen wollte: „Lass mich mit dir das Gleiche machen – ruh einfach in mir, tu nichts und lass dich von mir lieben". In der Folge nahm ich mir jeden Tag Zeit, in der ich mich auf den Boden legte oder es mir in meinem Lieblingssessel gemütlich machte und Gott einfach einlud mir nahe zu kommen und mich zu lieben.

Nachdem ich dieses ein paar Monate praktiziert hatte, bat ich Gott den Vater in einer dieser Zeiten, mir mehr Leidenschaft für seinen Sohn Jesus zu geben. Wieder hörte ich sein Flüstern in meinem Herzen: „Du brauchst nicht mehr Leidenschaft für Jesus – du musst seine Leidenschaft für dich erkennen!" Diese Worte warfen meine Vorstellung vom Christsein total über den Haufen.

Ich musste an die Worte des Apostels Johannes denken: *„Nicht darin besteht die Liebe, dass wir Gott geliebt haben, sondern dass er uns geliebt und seinen Sohn als Sühne für unsere Sünden gesandt hat."* *(1.Joh 4,10).*
Ergriffen von diesen Worten brachte ich nun jeden Tag eine Stunde oder mehr in Gottes Gegenwart zu und setzte mich seiner Liebe aus. Während dieser Zeiten wurde ich von ihm erfrischt und neu erfüllt.
In den kommenden Monaten las ich Dallas Willards Buch *The Spirit of the Disciplines.* Willard folgerte darin, dass wir, um wie Jesus leben zu können, auch die geistlichen Kulturen, die Jesus praktiziert hatte, leben müssten. Seine Gedanken sprachen mich im Innersten an.

Wir können durch Glaube und Gnade wie Christus werden, indem wir den Lebensstil nachahmen, den er für sich selber wählte. Wenn wir an Christus glauben, müssen wir glauben, dass er selbst am besten wusste, wie man lebt. Wir können wie Christus werden, indem wir geistliche Kulturen leben wie er, indem wir unser gesamtes Leben um geistliche Übungen zentrieren, die er selber gelebt hat, um fortwährend in der Beziehung mit dem Vater zu bleiben. Was waren diese Aktivitäten, die Jesus praktizierte? Es waren Dinge wie Einsamkeit und Schweigen, Gebet, ein einfacher und sich verschenkender Lebensstil, intensives Studieren und Meditieren der Worte und Wege Gottes und der Dienst am Nächsten.[1]

Nachdem ich angefangen hatte, diese Übungen zu praktizieren, fing ich gleichzeitig an sie zu lehren. Ich beging bald den klassischen Fehler, geistliche Übungen als weitere „christliche Aktivität" zu betreiben und nicht als Raum für eine Begegnung mit Gott zu sehen. Ich stellte schnell fest, dass mein ohnehin schon voller Tagesplan keine weiteren Aktivitäten aufnehmen konnte und mein Scheitern vorprogrammiert war.

Meine Bemühungen kamen völlig zum Erliegen, als ich meine neue Erfahrung mit einem älteren Leiter teilte, den ich sehr schätzte. Dieser schaute mich etwas nervös an und fing an mit den Augen zu rollen, als ich davon berichtete, wie ich mich jeden Tag einfach von Gott lieben ließ – ich fühlte Scham und Unsicherheit in mir aufsteigen. Bald darauf begannen die Hektik und Verantwortung des Gemeindedienstes meine Zeit wieder völlig aufzufressen. Meine Übungen, in denen ich mich einfach in Gottes Gegenwart lieben ließ, wurden von „dringenden Aufgaben" verdrängt. Es dauerte nicht lange und mein Ruhen in Gott ging völlig verloren - meine anderen geistlichen Übungen ereilte das gleiche Schicksal.

Meine nächsten zehn Jahre waren ausgefüllt mit Gemeindebusiness und geistlichem Dienst. Unsere Gemeinde war Teil der Vineyard-Bewegung in den USA, die zu dieser Zeit eine massive Ausschüttung des Heiligen Geistes erlebte, die Zehntausenden weltweit Erneuerung und Errettung brachte. Mit dieser Welle der geistlichen Erneuerung kamen aber auch Auseinandersetzungen und Kritik.

Wir durften erleben, wie Tausende junger Menschen aus Oklahoma-City durch unser Caféhaus (The Outer Café) gesegnet wurden. Wir waren mit unserem Café in den örtlichen Nachrichten zu sehen und andere Gemeinden kontaktierten uns, um unser Projekt als Modell zu nehmen. Im Rausch dieser Zeit überlastete ich meine Familie und meine Gemeinde zunehmend.

Wir sahen, wie viele Menschen gerettet, geheilt und von dämonischen Bindungen befreit wurden. Wir machten Einsätze nach Kambodscha, Malaysia, Deutschland, der Schweiz, Österreich, Holland, Rumänien, der Slowakei und Mexiko und rüsteten so viele Menschen für den geistlichen Dienst aus.

Wir kauften als Gemeinde ein eigenes Gebäude, experimentierten mit verschiedenen Gemeindeformen und bauten mehrfach unseren Gottesdienstsaal um – nebenbei machte ich noch einen Hochschulabschluss. In der Folge zerbrachen einige meiner engsten Beziehungen, mein Leitungsteam ließ mich hängen und verließ die Gemeinde, woraufhin ich ein neues Leitungsteam formen musste. Meine Frau Dianna brach ihre Arbeit als Hebamme ab, um mehr Zeit für die Gemeinde zu haben; ach, und habe ich schon erwähnt, dass wir dabei noch sechs Kinder zu erziehen hatten, die mitten in ihren extremsten Teenager-Jahren waren?

Rückwirkend sehe ich diese Jahre unwirklich wie durch einen Nebelschleier erscheinen.

2004 mit 50 Jahren fand ich mich plötzlich auf einer Rückzugswoche für ausgebrannte geistliche Leiterehepaare wieder. Ich war nicht um meinetwillen dort, sondern wegen Dianna, der es nicht gut ging. Sie nahm schon fast ein Jahr lang Antidepressiva und ich musste etwas tun, um sie wieder auf die Beine zu kriegen. Als die Woche anfing, merkte ich allerdings, wie auch ich innerlich kämpfte. Mein Energielevel war so niedrig wie noch nie. In mir gab es einen tiefen See voll Traurigkeit, den ich nicht anzuschauen wagte. In meiner Umgebung musste ich feststellen, dass es junge Pastoren gab, die ihre Gemeinden wachsen sahen, während ich darum rang, die Menschen zu halten, die ich hatte. Alte Sünden brachen auf, die ich eigentlich längst überwunden hatte.

Und um ehrlich zu sein: Zu diesem Zeitpunkt meines Lebens hatte ich deutlich mehr Erfolg erwartet, als ich vorfand. Auf der anderen Seite merkte ich aber auch, dass es zu spät war einen anderen Beruf zu ergreifen.

All diese inneren Konflikte waren vor der Außenwelt völlig verborgen. Wenn du mich damals gefragt hättest, wie es mir geht, hätte ich gesagt: „Es geht mir großartig – aber es kann natürlich immer noch besser werden!" Dann hätte ich dir eine Liste von wunderbaren Dingen präsentiert, die ich mit Gott gerade erlebte – frei nach dem Motto: Hauptsache lächeln!

Ich fand den Gedanken, ein Rückzugstreffen für Leiter zu besuchen, furchtbar, aber unsere Freundin Judy Davids hatte uns eingeladen und ich wollte nicht ablehnen. Judy ist Missionarin, Seelsorgerin und Pädagogin. Sie war von der Vineyard-Bewegung speziell dazu beauftragt worden, Treffen für ausgebrannte Leiter und ihre Ehepartner zu entwickeln. Herumzusitzen und zu problematisieren empfand ich allerdings als äußerst unattraktiv und reine Zeitverschwendung. Um die Sache noch zu verschlimmern, sollte das Treffen ganze zehn Tage gehen! Zehn Tage ohne Laptop, zehn Tage ohne Handy, zehn Tage ohne Außenkontakt, zehn Tage ohne geistlichen Dienst...! Als ich mich in der Gruppe umblickte, fragte ich mich, wie viele von den im Raum anwesenden Leitern auch wegen ihrer depressiven Frau in diese Situation gekommen waren.

Nach ein paar Tagen dort fing ich an innerlich herunterzufahren. Ich realisierte und begriff, dass auch ich ernst zu nehmende Themen mitgebracht hatte. Es gab eine Übung, bei der wir Jesus einladen sollten uns in den tiefsten Tiefen unseres Herzens zu begegnen. Wir sollten dabei unser

Gespräch mit Gott aufschreiben. Ich hasste das Schreiben! Dutzende Tagebücher lagen unter meinem Bett, die alle in den ersten Januarwochen anfingen und endeten. Im Tagebuchschreiben war ich ein echter Versager.

Als ich weiter über diese Übung nachdachte, stellte ich ein wenig verwundert fest, dass ich Jesus überhaupt nicht in die tiefsten Orte in mir einladen wollte! Jesus klopfte an meine Tür und ich wollte ihn nicht hereinlassen. Ich versuchte mit ihm zu verhandeln. Ich versprach ihm, auch weiterhin als guter Christ zu leben, ich würde weiter ein treuer Ehemann und hingegebener Pastor sein – doch in die Tiefe meines Herzens wollte ich Jesus nicht mehr lassen. Ich vertraute ihm einfach nicht mehr genug.

Diese Offenbarung schockte mich total! *Ich saß da und dachte: Ich bin eigentlich ein Mensch, der ohne Gott lebt!* Ich bin ein Pastor, doch im Herzen bin ich fern von Gott. Ich wusste, dass es nicht immer so gewesen war und dennoch musste ich an diesem Tag eine so schlimme Bilanz ziehen – und das nach mehr als 20 Jahren geistlichem Dienst! Ich hatte gearbeitet, so hart ich konnte - jedoch aus meiner Kraft und das hatte mein Vertrauen zu Gott aufgefressen. Ich hatte gesehen, wie die Kraft Gottes andere befreite, aber wo war die Kraft Gottes, um mir Freiheit zu schenken? Mein Leben als Christ war ein schweres Joch geworden.

Der von mir aufgebaute Schutzwall begann jetzt erste Risse zu zeigen. Meine Frau hatte einen Burnout und ich hatte meinen eigenen Zustand völlig verleugnet. Tatsächlich entdeckte ich, dass ich nicht nur selbst im Burnout war, sondern mich auch emotional total verschlossen hatte. Ich hatte die Fähigkeit verloren, mich zu freuen, traurig oder ärgerlich zu sein. Um meinen geistlichen Dienst zu überleben, hatte ich gelernt alle Emotionen tief in mir zu vergraben – so wurde es doch von einem guten Soldaten erwartet: Land einnehmen um jeden Preis!

Während der Rückzugstage besuchten wir das Benediktinerkloster in Pecos, New Mexico. Als wir durch das Hoftor fuhren, glaubte ich zu hören, wie Gott zu mir sagte: „An diesen Ort wirst du wieder zurückkehren". Das Kloster fühlte sich an wie ein sicherer Ort, um anzukommen und wieder ausgesandt zu werden. Die ruhige und friedliche Atmosphäre war wie Sauerstoff für meine Seele. An diesem Ort kam ich zum ersten Mal mit dem „Gebet der Sammlung"<?> in Berührung und nach einigen Jahren kehrte ich tatsächlich wieder zurück, um im Kloster als Spiritual Director<?> ausgebildet zu werden.

Ich konnte mir damals nicht erklären, wie ich in so einen Zustand von Selbstverleugnung und Zerbrochenheit gekommen war. Irgendwie hatte ich durch meine Geschäftigkeit die Einladung Gottes, mich von ihm lieben zu lassen, aus den Augen verloren – und ich war tatsächlich in die Gefahr gekommen, meinen Lauf nicht zu vollenden. Die Rückzugstage waren für mich wie ein Weckruf – ich hatte wirklich tief geschlafen und war nun erwacht.

Wieder zu Hause angekommen, schrieb ich weiter an meinem geistlichen Tagebuch und nahm mir Zeit in Gottes Gegenwart zu ruhen. Ich fing an, das Gebet der Sammlung als kontemplative Übung[I] zu praktizieren. Das Gebet der

---

[I] Kontemplative Übungen oder das kontemplative Gebet bezeichnen eine Form der Gottesbegegnung, die nicht durch unsere Aktivität (z.B. unser Reden, Denken, Meditieren, etc.), sondern durch das Ruhen in Gott und dem Bewusstsein des Ruhens Gottes in uns gekennzeichnet ist. Wir öffnen uns für die kontemplative Begegnung durch unsere Achtsamkeit für seine Gegenwart in uns. Der Gedanke der Kontemplation wurde von den frühen christlichen Mystikern entwickelt.

Sammlung schien einfach ein erweiterter Ansatz zu sein, um sich Gottes Gegenwart auszusetzen und sich von ihm lieben zu lassen. Es war ähnlich wie das, was ich zehn Jahre zuvor schon praktiziert hatte. Später fand ich heraus, dass diese Art von Gebet bereits in der frühen Kirche bekannt und üblich war.

Cynthia Bourgeault schreibt dazu: „Schon im frühen sechsten Jahrhundert definierte der Hl. Gregor die contemplatio (Kontemplation) als *Ruhen in Gott.*"2

Diese ersten Mönche verglichen ihre Haltung während des kontemplativen Gebetes mit der eines gestillten Kindes in den Armen der Mutter: „(...), still und ruhig ist mein Herz, so wie ein sattes Kind im Arm der Mutter – still wie ein solches Kind bin ich geworden." (Ps 131,2)

In dieser Zeit las ich auch *Read, Think, Pray, Live* von Tony Jones. Jones ist ein presbyterianischer Theologe und Schriftsteller. In seinem Buch entmystifizierte und vereinfachte er Lectio Divina, sodass es für mich verständlich und anwendbar wurde. Als ich anfing auf diese Art und Weise früh am Morgen zu beten, begann Gott sich mir, zu meiner Überraschung auf tiefe und innige Art mitzuteilen. Während ich so wieder anfing seine Liebe für mich aufzunehmen, kehrte auch meine Liebe und Leidenschaft für Jesus wieder zurück. Nach einem Monat inspirierte Gott mich, Lectio Divina zusammen mit Dianna zu erleben – voll Erwartung fingen wir an dieses Gebetsmodell zusammen zu praktizieren.

Ein paar Monate später bei einer Weihnachtsparty traf ich einen ehemaligen Leiter unserer Gemeinde. Er hatte uns schon vor Jahren verlassen und war Mitglied einer stark liturgisch geprägten Gemeinschaft geworden. Ich berichtete ihm, wie das kontemplative Gebet mein Leben in den vergangenen Wochen berührt hatte, woraufhin er mich begeistert aufforderte, zusätzlich einem liturgischen Kalender zu folgen und regelmäßig liturgische Gottesdienste zu besuchen um in „Spiritual Formation"[II] zu wachsen. Ich hatte zu diesem Zeitpunkt keinerlei Interesse auf seine Ideen einzugehen, aber die Worte „Spiritual Formation" gingen mir nicht mehr aus dem Kopf. Auf meinem Nachhauseweg sprach ich mit Gott über die Begegnung und wurde daran erinnert, was ich Jahre zuvor bei Dallas Willard gelesen hatte:

> Wir können durch Glauben und Gnade wie Christus werden, indem wir geistliche Kulturen leben wie er, indem wir unser gesamtes Leben um geistliche Übungen zentrieren, die er selber gelebt hat, um fortwährend in der Beziehung mit dem Vater zu bleiben.3

Es traf mich wie ein Schlag: Das Ausüben geistlicher Übungen war kein Zeichen besonderer christlicher Reife, sondern der Weg um christliche Reife zu erlangen!

Wie hatte ich das nur aus den Augen verlieren können? Ich hatte zugelassen, dass meine geistlichen Übungen einfach eine weitere christliche Aktivität geworden waren, die ich ausübte, um Gott und aller Welt zu beweisen, wie hingegeben ich in meinem Glauben war.

Bei mir gingen die Lichter an: Übungen wie der Rückzug in die Stille, das Gebet der Sammlung oder Lectio Divina waren nicht die Lösung an sich. Sie sollten einfach helfen mich von *innen* heraus zu dem Menschen zu formen, zu dem Gott mich berufen hat.

II   Spiritual Formation bezeichnet im christlichen Bezug das Bestreben durch verschiedene Mittel die eigene Gottesbeziehung ganzheitlich zu vertiefen um mehr in Jesus verwandelt zu werden. Die Aneignung von geistlichen Kulturen spielt hierbei eine wichtige Rolle.

Der Versuch dem Kirchenjahr zu folgen, mehr liturgisch anzubeten oder das Gebet der Sammlung auszuüben, ohne zu verstehen, dass dies zu meiner Verwandlung in Jesus beitragen sollte, führte unweigerlich in eine Sackgasse. Ich hatte diese christliche Aktivitäts-Falle schon oft bei Freunden erlebt: Weil ihr Glaube an Leben verloren hatte, suchten sie etwas Neues, schlossen sich z.b. einer anderen Gruppe an und konnten dort tatsächlich zu Beginn wieder Freude an ihrem Glauben finden – allerdings nur, um dann etwas später wieder in der gleichen Glaubensflaute zu landen - diesmal noch enttäuschter und zynischer als vorher.

Es ging bei Spiritual Formation nicht darum, etwas Neues zu finden, einen bestimmten Stil von Anbetung zu praktizieren oder nach einen besonderen Kirchenkalender zu leben (obwohl ich glaube, dass diese Dinge sehr hilfreich sein können). Der Fokus muss nicht mal auf dem kontemplativen Gebet selbst liegen, sondern immer darauf mehr wie Jesus zu werden. Das kontemplative Gebet selber ist dabei einfach nur ein durch Jahrhunderte gereiftes Werkzeug, um in einem überfrachteten Leben Raum zu schaffen, um Jesus zu treffen und in ihn verwandelt zu werden.

Für mich hatte es zehn Jahre gebraucht, bis ich so am Ende war, wirklich ehrlich in die Liebe Gottes eintauchen zu wollen.

Ich wusste nicht, was mich dort erwarten würde. Mein ganzes Leben hatte ich versucht meinen inneren Schmerz beiseitezuschieben, ihn zu verleugnen und einfach immer nur vorwärts zur nächsten Aktivität zu springen. Ich war zutiefst dankbar, dass Gottes Einladung zur intimen Begegnung mit ihm immer noch galt.

Ich fügte nun durch diese neue Einsicht über Gott, das kontemplative Gebet nicht mehr wie ein weiteres Hobby zu meinem hektischen Alltag hinzu. Ich war bereit diese Begegnung mit ihm ins Zentrum meines Lebens zu ziehen und alles andere daraus fließen zu lassen. Anders gesagt: Intimität mit Christus statt Dienst für Christus war mein neues Zentrum. Diese Einstellung hat seitdem mein gesamtes Leben verändert.

Ohne Verwandlung unseres Innersten, würde uns die zunehmende Begegnung mit Gottes Gegenwart überwältigen und das Zunehmen geistlicher Aufgaben uns zerstören.[III]

III   Richard Foster aus *Prayer: Finding the Heart's True Home.*

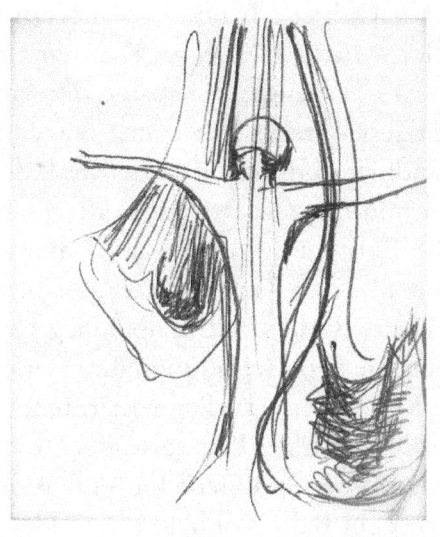

Kapitel 2

Suchen und gefunden werden

Der Dieb kommt nur, um die Schafe zu stehlen und zu schlachten und um Verderben zu bringen. Ich aber bin ge-kommen, um ihnen Leben zu bringen – Leben in ganzer Fülle   (Joh. 10,10)

Kurz nachdem ich um 1990 herum Jesus kennengelernt hatte, kam es in Hamburg zur Gründung der Jesus Freaks Hamburg, die später jahrelang als Muttergemeinde die Jesus-Freaks-Bewegung prägen sollte. Ich kam aus einer Kindheit und Jugend in tiefster Dunkelheit, erfüllt von Ängsten und Depression, und durfte in der Erweckung rund um die Entstehung der Freaks, Fantastisches erleben. Für mich war alles neu - ich war völlig unchristlich erzogen worden und hatte weder positive noch negative Erfahrungen mitzubringen. In den Gründungsjahren erlebten wir, wie jede Woche Menschen Jesus kennenlernten, befreit und mit Hoffnung erfüllt wurden. Lau gewordene Christen kehrten um, fingen neu Feuer und Liebe für Jesus. Wir feierten unsere Gottesdienste in Bars, Wohnzimmern oder auf der Straße – überall, wo wir uns trafen, war eben Gottesdienst!

Dieses geistliche Feuer unter Jugendlichen war damals in diesem Ausmaß in Deutschland einzigartig und sorgte für Aufruhr in der christlichen Szene, aber auch in den säkularen Medien. Regelmäßig meldeten sich Kamerateams, die in unseren Treffen drehen wollten. Wir waren in allen großen deutschen Magazinen und in der europäischen Presse - in der Bravo gab es sogar eine Doppelseite.

Obwohl wir bei jedem unserer Treffen eine enorme Gegenwart Gottes erlebten und viele von uns auch im Alltag Gott mächtig wirken sahen, blieben meine inneren Kämpfe, Einsamkeit und Depressionen Teil meines täglichen Lebens. Kam die Kraft Gottes auf mich, während ich Anbetung leitete, für Menschen betete oder predigte, war ich wie ausgewechselt, ließ diese Ministry-Salbung allerdings nach, fühlte ich die Schatten wieder näher kommen. Aus dieser inneren Not getrieben fing ich damals an Jesu Gegenwart intensiv für mich alleine zu suchen und probierte dabei alle möglichen Wege aus: Dazu gehörten Dinge wie persönliche Anbetung, ausgiebiges Beten in Sprachen, Lesen von christlichen Biografien, das „Herzensgebet", Fasten, Besuch von Seminaren, persönlicher Rückzug und vieles mehr.

Wenn ich mich Jesus auf diesen Wegen nahte, spürte ich oft eine Erleichterung. Es war so, als wenn seine Gegenwart Licht in meiner Dunkelheit anzündete. Mir wurde klar, dass Gott nicht nur in mein Leben gekommen war, um mich äußerlich mit Kraft zu erfüllen und im geistlichen Dienst erfolgreich zu machen, sondern genauso mein innerstes Innerstes, meine tiefsten Tiefen, meine Abgründe und Sehnsüchte mit Licht erfüllen wollte. Nur wie das geschehen sollte, war für mich nicht zu erfassen.

In meinem Umfeld stellten nur wenige die gleichen Fragen wie ich – den meisten schien es zu genügen, Gottes Kraft auf sich zu erleben. Berichtete ich von meiner inneren Not und Sehnsucht, Jesus tiefer zu empfangen, schaute ich oft nur in fragende Gesichter und wurde teils sogar als Schwärmer bezeichnet. Wir verstanden, dass Gott aus Sehnsucht nach seinen Kindern Kraft auf uns gelegt hatte, um zu heilen, zu befreien und zu bezeugen, aber dass seine Gegenwart das Gleiche in uns tun wollte, war uns wenig offenbar.

In diesen Jahren konzentrierte ich mich in meinen Bemühungen, seine Gegenwart für mich zu finden, auf das Thema Anbetung. Das „Von-mir-Wegschauen" und Ihn unabhängig von Umständen und Gefühlen zu erheben, brachte gute Frucht. Ich schrieb in den ersten Jahren über hundert neue Lieder, die in unserer Gemeinde und anderen Gruppen gesungen wurden.

Meine Anbetung blieb aber oftmals einfach ein Werkzeug, was die Tür zu ihm aufschloss und seine Gegenwart freisetzte. Manchmal kam ich mir dabei falsch vor, *weil ich merkte, dass ich Ihn nur anbetete, damit seine Gegenwart die Dunkelheit um mich herum vertrieb.* Es entwickelte sich ein starker Wunsch in mir, Gott unabhängig davon anzubeten, ob er mir helfen würde oder nicht. Ich wollte Ihn aus Freude über seine Person und nicht aus Verzweiflung heraus anzubeten – diesen Wunsch erfüllte Er mir einige Jahre später.

Während dieser Suche nach einer tieferen Begegnung mit Ihm eröffnete Paul Strait aus der Vineyard Manhattan, N.Y. City, mit dem ich damals öfter Zeit verbrachte, mir ein neues Kapitel. Bei einer gemeinsamen Gebetszeit fing er plötzlich an, Gott ganz entspannt zu bitten uns zu lieben. Ich war etwas irritiert, weil ich nicht nachvollziehen konnte, was er damit meinte – Gebet war doch dafür da Anliegen durchzuboxen, Gott anzubeten und Mächte in ihre Schranken zu weisen. Da ich aber immer schon offen für Neues war, öffnete ich kurz meine Augen um zu sehen, wie er sich verhielt, und machte es einfach nach. Paul lag ganz relaxt auf meinem Sofa, hatte die Augen zu und wartete auf Gottes Liebe. Ich legte mich genauso hin und betete ihm nach: *Gott, bitte komm und liebe mich.*

Nach einigen Momenten spürten wir beide eine Veränderung im Raum. Es war als würde uns Liebe, Annahme und Vergebung umgeben – ich war überrascht und hoch erfreut! Dies war die Nähe und Gegenwart, die ich gesucht hatte – Gott tat etwas für mich, ohne dass ich etwas für ihn getan hatte! Ich durfte Gott ganz nahe sein, nicht nur beim Predigen, Anbeten oder in Ministry-Situationen, sondern zu Hause auf meinem Sofa beim Nichtstun. Mein Gottesbild wurde an diesem Tag massiv verändert.

Ich fing an, Gott weiter auf diese und ähnliche Arten zu suchen, einfach nur um mit ihm zu sein. Nicht um seine Kraft zu erleben oder geistliche Durchbrüche zu haben, sondern nur um seiner selbst willen. Ich hörte vom Klosterbetrieb in Taizé und besuchte die Kommunität. Dort verbrachte ich eine Woche im Schweigen und genoss die Zeit enorm. Gott fing auf einmal an deutlich über Buße zu mir zu sprechen. Ich schrieb meinen Eltern einen Brief, in dem ich sie für jahrelangen Zorn gegen sie um Vergebung bat, und ging auch andere praktische Schritte der Umkehr.

Bis zu diesem Zeitpunkt war mein geistliches Leben immer ein Wettlauf um Bekehrungen, persönliches geistliches Wachstum oder Offenbarung gewesen – in dem, was ich nun erlebte, schien das einzige Ziel, mit Ihm zusammen zu sein.

Als ich dann 1998 Richard Clinton[IV] kennenlernte, sprach er darüber, dass Gott seine Leiter durch lebenslange Reifungsprozesse führt und merkte an, dass Gott oft „Auszeiten" benutzt, wenn er einen Leiter in eine neue Lebensphase bringt. Auszeit, neue Lebensphase – die Worte hallten in mir nach. Wollte Gott mich in so eine Übergangszeit führen? Angeregt durch dieses Worte und das Bewusstsein, dringend weitere innere Heilung und Ausrüstung zu benötigen, nahm ich 1999 die Möglichkeit wahr, für 6 Monate eine Jüngerschaftsschule in Malaysia zu besuchen.

Ich war zu diesem Zeitpunkt ohne jegliche Ausbildung fast zehn Jahre in der Leitung der Hamburger Jesus-Freaks

---

[IV]   Richard Clinton und sein Vater Bobby haben sich als Lebensziel gesteckt, das Leben von Leitern zu studieren und analysieren. Die Ergebnisse ihrer Arbeit sind für Leiter auf der ganzen Welt von unschätzbarem Wert und helfen als Leiter „ein gutes Ende zu nehmen".

und war auch innerhalb der Bewegung aktiv gewesen – ich hatte eine Auszeit wirklich nötig!

In der Vorbereitung betete ich und fragte Gott, wozu er diese Zeit speziell benutzen wollte. Ich sah innerlich eine Bilderabfolge aus den „Asterix und Obelix"-Comics, in der Obelix als Baby in den Zaubertrank fällt und dann mit übermenschlicher Kraft erfüllt wieder heraufsteigt. Dieses Bild gefiel mir, da es eine Zunahme an Kraft ankündigte.

Gott sagte dazu: „Der Zaubertrank ist mein Wort – es wird dich enorm stark machen."

Bis dahin hatte ich eher sporadisch in der Bibel gelesen, mal mehr, mal weniger, wie es sich gerade ergab. Bei der Jüngerschaftsschule angekommen verteilte der Leiter gleich am ersten Tag Bibellesepläne und forderte uns heraus jeden Tag drei Kapitel zu lesen. Alle waren am Stöhnen, alle außer mir – Gott hatte ihn angekündigt und da war er: der Zaubertrank!

Ich habe in den kommenden Jahren jeden Tag drei Kapitel gelesen und es mir als Lebensziel gesetzt, jeden Tag in der Bibel zu lesen. Durch das Aufnehmen von Gottes Wort entwickelte sich bei mir so etwas wie ein inneres Wahrheitsraster. Bei manchen Aussagen, die ich höre, gehe ich ohne nachzudenken durch das Raster und finde Bibelstellen, die das Gesagte bestätigen oder ihm widersprechen. Das Lesen der Bibel ist bei mir so zur geistlichen Kultur geworden und das Trinken dieses „Zaubertranks" macht mich immer noch stärker.

Meine Frau Kim und ich heirateten nach meiner Rückkehr aus Asien und Gott forderte mich auf der Hochzeitsreise (ohne Vorwarnung!) auf, alle meine Gemeindeämter niederzulegen, um das erste Jahr unserer Ehe frei zu sein. Ich folgte diesem Wort zwar äußerlich, investierte mich aber dann auf Grund eines Leitungsvakuums in meiner Gemeinde noch mehr als zuvor - die Türen für geistlichen Dienst waren offen und ich ging hindurch. Ich hatte zwar meine Leitungsfunktion in der Gemeinde offiziell niedergelegt, aber in Wahrheit nicht in meinem Engagement nachgelassen, sondern eher zugelegt.

Ich vergaß die Ansage Gottes und gab der Gemeinde in den folgenden zwei Jahren viel Zeit und Leidenschaft - 2002 fuhr ich so gegen die erste große Wand in meinem Leben mit Jesus, als Kim mir gestand, dass sie sich in jemand anderen verliebt hatte. Ich war wie vom Blitz getroffen – hatte ich nicht in den letzten zwei Jahren alles für Gott gegeben? Sah so seine Belohnung aus? Monate später wurde mir klar, dass das Problem nicht zu wenig Einsatz für Gott, sondern zu viel gewesen war. Kim sagte damals: „Ich habe das Gefühl, die Gemeinde ist wie deine zweite Frau, mit der ich konkurrieren muss." Zwei Tage nach Kims Bekenntnis sagte ich eine für mich damals sehr wichtige Einladung ab, bei einer Jüngerschaftsschule in Asien zu lehren, und wir flogen in die USA, um bei Freunden Trost und Rat zu finden. Diese schnelle Entscheidung war eine meiner absoluten Sternstunden – ich habe es nie auch nur eine Sekunde bereut! Unsere Freunde sammelten in ihrer Gemeinde Geld und bezahlten eine Woche Intensiv-Eheseelsorge für uns. Sie besorgten uns Unterkunft, Mietwagen und Taschengeld – wir konnten uns völlig auf unsere angebrannte Ehe konzentrieren. Nach wenigen Sitzungen mit dem Seelsorger war klar, dass unsere Ehe gerettet werden würde. Kim sprach über ihre Qual zwischen mir und Gemeinde zu stehen und ich verstand zum ersten Mal ihr Bedürfnis von mir als meine Partnerin, Ehefrau und Freundin liebevoll bestätigt zu werden – der Gemeinde hatte ich diese Bestätigung ja auch gegeben. Ich weiß noch genau, wie wir damals in einem Park in Austin, Texas saßen und ich nur weinen konnte aufgrund der Treue und Hilfe Gottes in dieser für mich schwärzesten Stunde.

Zurück in Hamburg beschlossen wir die Hamburger Jesus-Freaks zu verlassen, um den Kreislauf von Beziehungen und Verantwortung zu durchbrechen, in den ich durch meine Gründerrolle und langjährige Leitungsverantwortung gekommen war. Wir schlossen uns der Vineyard Altona an, in der wir zwei Jahre später Teil des Leitungsteams wurden.

Als Charles Bello uns 2006 in Hamburg besuchte, brachte er mich mit der Lectio Divina in Berührung und berichtete von seiner Burnout Erfahrung, der Praxis eines kontemplativen Lebensstils und seiner persönlichen Reise nach Innen.

Die Tage mit ihm waren prägend für mich. Von da an begann ich jeden Tag mit Lectio Divina. Ich wandelte die Form etwas ab, damit es zu mir passte und erlebte wunderbare Zeiten mit Gott und sein deutliches Reden an mich.

Ich entdeckte in weiteren geistlichen Kulturen, Wege, Gott ganz nahe zu kommen, ohne danach Ergebnisse vorweisen zu müssen. Ich fing neu an mit Fasten und Stille zu experimentieren und fand auch hier einen persönlichen Ausdruck. Durch die Entwicklung von geistlichen Kulturen in meinem Leben legte Gott Fundamente für eine neue Gemeindegründung, die wir 2008 in Hamburg starteten. Dazu begann er tiefliegende Verunsicherung in mir zu heilen und über meine innersten Motive und Wesenszüge zu sprechen. Ich erlebte (und erlebe) dadurch eine Verwandlung meiner Person von innen nach außen, die sein Werk in meinem Leben ist.

Ich habe festgestellt, dass Scham, Traurigkeit oder

Fluchttendenzen in meinem Leben eine Folge von dem Druck sind, *Ergebnisse* vorzuweisen und *erfolgreich* mit Jesus zu leben – sie entstehen, wenn ich die von mir selber geforderten Resultate nicht nachweisen kann. Das Ausüben von geistlichen Kulturen bringt mich immer wieder zu dem, um den es wirklich geht – Jesus. Ihm einfach nur zu begegnen, ohne Sinn und Verstand einfach Zeit mit ihm zu haben – das ist die Medizin, die mich dann wieder auf den Boden der Gnade holt.

Geistliche Kulturen als Ort Jesus zu treffen

Kommt zu mir, ihr alle, die ihr euch plagt und von eurer Last fast erdrückt werdet; ich werde sie euch abnehmen. Nehmt mein Joch auf euch und lernt von mir, denn ich bin gütig und von Herzen demütig. So werdet ihr Ruhe finden für eure Seele. Denn mein Joch drückt nicht, und meine Last ist leicht.

(Mat 11, 28-30)

Richard Foster beschreibt in seinem Buch *Prayer* drei Ausrichtungen unseres Gebetes: Die Ausrichtung nach *oben*, die Ausrichtung nach *außen* und die Ausrichtung nach *innen*.4 Jede dieser Richtungen verbindet uns mit Gott und seinen Zielen. Im folgenden Kapitel verwenden wir diese Ausrichtungen nicht exakt wie Foster es tut, sondern benutzen sie als Rahmen, um tiefer auf geistliche Kulturen und kontemplatives Gebet einzugehen.

Die Ausrichtung nach oben

Das aufsteigende Gebet verbindet den Anbeter mit Gott und dessen Liebe zu sich selbst. Gott liebt sich selbst und lädt uns ein, sich ihm anzuschließen, während er sich selber ehrt. Das aufsteigende Gebet beinhaltet Elemente wie Anbetung, Dank, Lob und Verehrung. Egal ob dies mit alten Kirchenchorälen, angesagten Anbetungssongs, Kunst, Bewegung oder sonstigen Ausdrucksformen geschieht – das aufsteigende Gebet ermöglicht uns mit Gott gemeinsam Gott anzubeten.[V]

Wer ist der hingegebenste Anbeter Gottes? Wer hat am meisten Freude daran, den Allmächtigen zu erheben? Gott selber!5 (John Wimber)

[V]   Der Gedanke, dass Gott sich selber ehrt ist für viele von uns vielleicht neu. Jesus lobt in Luk 10, 21 seinen Vater öffentlich. Dazu betete er Gott durch seinen Gehorsam und das Tun seines Willens an. Jesus ist durch sein Leben und Wirken der Prototyp eines Anbeters Gottes und zugleich als Teil der Dreieinigkeit Gott selbst.

Die Ausrichtung nach außen

Das nach außen gerichtete Gebet verbindet uns mit der Kraft Gottes und seiner Liebe für andere Menschen. So zu beten geschieht in der Fürbitte, im Gebet für Kranke, beim Gebet in der Seelsorge oder im Befreiungsdienst.

Diese ersten beiden Arten des Gebetes sind in evangelikalen Gemeinschaften und der Pfingstbewegung recht verbreitet und etabliert. Die dritte Ausrichtung des Gebetes ist jedoch vielen von uns unbekannt, obwohl gerade diese die ersehnte Verwandlung unseres Herzens hervorbringt. Ohne diese Verwandlung in der Tiefe ist unser innerer Mensch nicht dafür ausgerüstet, dauerhaft nach außen gerichtet zu leben und so ein Segen für Andere zu sein.

Die Ausrichtung nach innen

Das nach innen gerichtete Gebet verbindet z. B. unsere tiefsten Orte und Lebenshaltungen, unser Selbstbild und unsere Emotionen mit Gott.

Mit dem nach außen gerichteten Gebet folgen wir Gott in die uns umgebende Welt. Mit dem nach innen gerichteten Gebet folgen wir Gott in unsere Innenwelt – in die Bereiche unseres Herzens. Keine Sorge - es geht nicht darum, um uns selber zu kreisen und uns in Selbsterfahrungen zu verlieren. Wir wollen vielmehr jesuszentriert Raum in unserem Alltag schaffen, um zu hören, was Er über unser Innerstes zu sagen hat. Die Frucht des nach innen gerichteten Gebets ist die Verwandlung unseres Herzens. Das Versprechen des Evangeliums, unser Leben im Kern zu verändern, wird hier verwirklicht. Das kontemplative Gebet fällt in diese dritte Kategorie.

Um Gott mehr kennenzulernen, muss ich auch mich

selbst mehr kennenlernen. Weder das Idealbild, was ich von mir im Kopf habe, noch meine erwachsene Persönlichkeit sind mein wahres Ich. Unter den Rollen, die ich einnehme und den Masken, die ich trage, liegt mein wahres Ich verborgen, was nur Gott vollkommen kennt. Genau in diesem Teil von mir wollte Jesus mich treffen, als ich 2004 während der Rückzugswoche für ausgebrannte Pastoren sein Rufen hörte.

Im Feuer der Begegnung mit Gott an diesem Ort findet echte Verwandlung statt. Wo wir verstehen, dass Gott uns in aller Zerbrochenheit, in all unserem Versagen annimmt und liebt, werden wir fähig uns selber zu lieben und ehrlich zu sein. David Brenner sagt es so: „Du bist nicht einfach ein Sünder; du bist ein zutiefst geliebter Sünder."6 Gottes Liebe hat uns als Ziel – so wie wir gerade sind – in aller Zerbrochenheit und Sünde.

In evangelikalen und pfingstlichen Kreisen sind wir darin geübt, Christus in die Dunkelheit „der Welt" zu folgen. Oft fehlt aber die Fähigkeit, Christus in die Dunkelheit unseres eigenen Lebens zu folgen. Das nach innen gerichtete Gebet setzt genau hier an: Es ermöglicht uns, Jesus in die Dunkelheit der eigenen Seele zu folgen.

GEISTLICHE KULTUREN ALS STRASSEN ZUR VERWANDLUNG

In den letzten 30 Jahren wurde viel über geistliche Übungen geschrieben und immer wieder wurde der Versuch unternommen, diese in verschiedene Kategorien zu ordnen.

Foster spricht in seinem Buch *Celebration of the Desciplines* über die nach *innen gerichteten* Übungen und führt folgende auf: Meditation, Gebet, Fasten und Studieren. Als die *nach außen* Gerichteten definiert er folgende: Genügsamkeit, Rückzug in die Stille, Unterordnung und Dienen. Dazu kommen die *gemeinschaftlichen Übungen*: Sündenbekennen, Anbetung, Unterweisung und Feiern. 7

Willard spricht in The Spirit of the Disciplines von den geistlichen Übungen der Enthaltsamkeit und geistlichen Übungen der *Hingabe*. Übungen der Enthaltsamkeit sind beispielsweise Rückzug in die Einsamkeit, Schweigen, Fasten, Schlichtheit, Verschwiegenheit und Aufopferung – diese bedeuten unseren Verzicht auf Dinge um eines größeren Anliegens willen. Sie helfen bei der Überwindung von Gewohnheitssünden. Damit sind Dinge gemeint wie Lästern, Stolz, Gier, Lust, Maßlosigkeit und Trägheit.

Geistliche Übungen der Hingabe hingegen balancieren die Übungen der Enthaltsamkeit aus und helfen uns Unterlassungssünden zu überwinden. Unterlassungssünden zu begehen, bedeutet die guten Werke, zu denen wir berufen sind, auf Grund unserer Geschäftigkeit oder Nachlässigkeit zu übersehen. Übungen der Hingabe beinhalten Studien, Anbetung, Feiern, Dienen, Gebet, Gemeinschaft, Sündenbekenntnis und Unterordnung. 8

Ich selber teile geistliche Übungen in *nach oben*, *nach außen* und *nach innen* gerichtete Aktivitäten ein. Alle bringen uns mit Gott in Beziehung, aber jede zieht uns in eine andere Richtung. Nach oben ausgerichtete Übungen sind z.B. Anbetung, Bibelstudien, Stundengebet, liturgisches Gebet und Fasten. Nach außen gerichtete Übungen enthalten Dinge wie Fürbitte, Gebet für Kranke und Belastete, Dienen, Sündenbekenntnis, Gemeinschaft. Die nach innen ausgerichteten Übungen hingegen sind z.B. Zeiten des Rückzugs, Schweigen, kontemplatives Gebet und Tagebuch führen.

Die nach innen gerichteten Übungen sind besinnlicher Natur und führen uns in die Selbstentdeckung durch intime Gemeinschaft mit Christus. Auch die nach oben und außen gerichteten Übungen können Raum für den Heiligen Geist schaffen, uns weiter in Christus zu formen. Die Herausforderung dieser beiden Richtungen ist allerdings, dass wir sie leicht zu christlichen Aktivitäten umfunktionieren, anstatt sie als Raum für eine Begegnung mit Gott zu erleben. Unser Ziel ist also nicht mehr *für* Jesus aktiv zu sein, sondern *mit* ihm – die gemeinsamen Aktivitäten werden so zu Räumen der Verwandlung für uns.

Vielleicht bist du beispielsweise an der Reihe im Kinderdienst des Gottesdienstes zu helfen und merkst dabei, wie du dort total frustriert bist, weil du die Anbetungszeit verpasst. Du fühlst Ärger und Groll, dass du schon wieder in einem Gemeindebereich dienst, der dir keinen Spaß macht. Was die meisten von uns in so einem Fall tun würden (weil wir so reif und verantwortlich sind) ist, unseren Frust einfach Herunterzuschlucken – zumindest bis wir zu Hause sind.

Aber wenn wir uns vorstellen, dass wir mit Jesus zusammen im Kinderdienst sitzen und er in dieser Situation für uns genauso da ist, wie wir für die Kinder, wird die Situation zu einer Chance.

Erleben wir diesen Dienst mit ihm (anstatt für ihn), können wir die Situation nun nutzen um Christus zu begegnen. Anstatt zu versuchen aus der Kinderdienst-Rotation zu entkommen oder uns selber zu geißeln, weil unsere Gedanken so unjesusmäßig sind, können wir Gott fragen, warum wir eigentlich so frustriert sind und ihn bitten, unsere Gedanken in seine Gedanken zu verwandeln. Jeder Dienst am Mitmenschen kann so ein Raum werden, um Gott zu treffen und in ihn verwandelt zu werden und muss nicht einfach „eine weitere christliche Aktivität" bleiben. Damit dies geschehen kann, müssen wir uns allerdings die Zeit nehmen, über die Ereignisse nachzudenken, unsere Emotionen sortieren und mit Gott besprechen.

Willard sagt dazu:

> Bei geistlichen Übungen müssen wir Sachverstand und Experimentierfreude haben. Geistliche Übungen schenken uns nicht Gerechtigkeit, sondern Weisheit. Wir müssen sie praktisch halten und nicht zu wählerisch aussuchen. Wir müssen sie nicht als Heldentaten sehen oder denken, dass wir durch sie irgendwas bei Gott gutgeschrieben bekommen. Übungen für das geistliche Leben sind Orte, an denen wir Jesus treffen, um von ihm gelehrt zu werden. Er selbst muss uns darin führen, wie wir die Übungen am besten leben können. Wir sollten uns nicht zu viele Gedanken darum machen, wie andere ihre Übungen leben. Rasch wird Jesus uns lehren, wie sie für uns am meisten Sinn machen.9

Die Schlüsselaussage für mich ist hier, dass „Übungen für das geistliche Leben Orte sind, an denen wir Jesus treffen, um von ihm gelehrt zu werden". Gehen wir die Übungen lediglich wie Gottes „To-Do-Liste" für uns an, sind Stolz oder Entmutigung die Folge. Wollen wir geistliche Kulturen als Beweis unsere Hingabe ausüben, werden wir ausbrennen. Übungen des geistlichen Lebens sind nicht nur dafür gedacht, diese Welt zu verändern, sondern vor allem für uns.

Noch einmal zusammengefasst: Geistliche Übungen sind Orte, um Jesus zu treffen.

In ihrem Buch *When the Soul Listens* schreibt Jan Johnson:

> Was wir in geistliche Übungen investieren, tun wir nicht um unser Verhalten zu verändern, sondern um die Motive und Nöte unserer inneren Person mit Gott zu verbinden. Der Effekt dieser Verbindung ist eine Umwandlung des Herzens.10

SPIRITUAL FORMATION

Die Bibel verspricht uns ein leichtes Joch und unsere Verwandlung.

M. Robert Mulholland Jr. vom Asbury Seminar definiert Spiritual Formation als *„einen Prozess der Gestaltung in Christus um anderer willen".*11

Wir wollen diese Definition jetzt genauer betrachten, denn der Gedanke von Spiritual Formation gibt dem kontemplativen Gebet im Leben eines Christen den rechten Platz.

Spiritual Formation ist ein Prozess...

Spiritual Formation ist ein Prozess, indem Menschen von innen heraus verändert werden. Wir sind alle das Resultat einer inneren Prägung. Unsere Familie und unsere Kultur haben viel zu unserer Formung beigetragen. Genauso haben Lebenserfahrungen uns geschliffen. Einige Formungsprozesse in unserem Leben geschahen bewusst, andere geschahen einfach durch unsere Entscheidungen und unseren Lebensweg.

Spiritual Formation ist immer ein Prozess. Heutzutage haben wir uns meist an schnelle Resultate gewöhnt. Abnehmen durch eine Diätpille scheint viel attraktiver als regelmäßiger Sport. Das Belasten unserer Kreditkarte geht schneller als Geld zu sparen, um uns etwas zu kaufen. Geistlich denken wir ähnlich und finden uns auf der Suche nach einem schnellen Abenteuer, um von Gott verändert zu werden – egal ob dies der nächste christliche Bestseller, die nächste Konferenz, das nächste große Wunder, das Gott tut oder die nächste Welle von Erweckung ist. Obwohl Gott uns all diese Dinge schenken will und sie gewiss ein Segen für uns sein können, vergessen wir durch die Ausrichtung aufs Schnelle und Spektakuläre, dass unsere geistliche Fortentwicklung ein Prozess ist, der immer Zeit und Hingabe brauchen wird. Erlebnisse, die wir mit Gott machen, sind gut und nützlich, aber Spiritual Formation geschieht in unserem Leben als stetiger Prozess, der von uns gewollt und gepflegt werden muss.

Um echten Gewinn aus unseren Gottesbegegnungen zu ziehen, müssen wir sie verarbeiten und reflektieren. Wir stehen als konsum-geprägte Christen in der Gefahr, geistliche Erfahrungen gedankenlos zu sammeln – wie jemand, der unter Kaufzwang leidet und das fünfunddreißigste Paar Schuhe erwirbt, nur damit es dann bei den anderen im Schrank verstaubt. Wir müssen verstehen: Eine echte Gottesbegegnung, die wir als solche erkennen, bedenken und in unser Leben einarbeiten, wird uns viel weiter bringen als 100 geistliche Momente, in denen wir kaum verstehen, was Gott gerade tut oder zu sagen hat.

...der Gestaltung...

Der christliche Glaube lehrt uns, dass wir uns nicht selber in den Menschen verändern können, zu dem Gott uns berufen hat. Nur Gott selber kann dies in unserem Leben vollbringen. Spiritual Formation ist ein Werk seiner Gnade. Informationen, Erfahrungen, gute Absichten oder sogar geistliche Übungen verwandeln uns nicht in Christus. Geistliche Übungen stimulieren jedoch Prozesse in unserem Leben, in denen wir mit Gott zusammenarbeiten und er uns von innen heraus verändert. Geistliche Übungen verwandeln uns nicht - Gott verwandelt uns.

Wir können einige Dinge tun, um dem Verwandlungsprozess zu helfen, aber wir können ihn nicht kontrollieren. Mulholland spricht davon, dass wir in einer D.I.Y.[VI]- Kultur leben und der Aspekt der Abhängigkeit von Gottes Wirken uns deutlich gegen den Strich geht. Wir wollen uns lieber selber formen, anstatt geformt zu werden – dies zeigt sich deutlich in unserer Zögerlichkeit, wenn es darum geht, ihm völlige Kontrolle zu geben und zu vertrauen. Um geformt zu werden, müssen wir uns Gott ergeben und ihm das Steuer überlassen. Die gute Nachricht ist: Gott ist ein großartiger Fahrer!

...in Christus...

Anstatt einfach nur christlich zu werden, dürfen wir wie Christus werden. Wir werden freundlicher, geduldiger, ehrlicher – nicht weil wir uns beständig anstrengen so zu sein, sondern weil wir es „geworden" sind. Eines der größten Geschenke Gottes an uns, ist es, unseren Charakter und inneren Menschen jesusmäßig zu machen. Während dieses Prozesses wird unser falsches Ich aufgedeckt und entwaffnet, damit wir authentisch und wahrhaft werden. Mullholland schreibt:

> Wenn das Verwandlungswerk Gottes in unserem Leben tatsächlich ein „Uns-in-Christus-Formendes" ist, wird es offensichtlich dort beginnen, wo wir noch

---

VI   Do it yourself.

nicht seinem Bild entsprechen. Das bedeutet, dass eine der ersten Dynamiken ganzheitlicher, geistlicher Formung uns Konfrontation bringt. (...) Der Geist Gottes dringt vielleicht in Bereiche in uns vor, in denen wir noch nicht Christus entsprechen. Dieses Vordringen bedeutet eine Konfrontation und bringt eine Herausforderung und einen Ruf in unsere Zerbrochenheit hinein, nicht mehr zerbrochen zu sein, sondern in Christus vervollständigt zu werden.12

...um anderer willen.

Gott führt uns nach innen, um uns zu verwandeln und uns dann wieder nach außen auszurichten. Christus-zentriertes, kontemplatives Gebet führt uns immer in eine Begegnung mit unserem Inneren und richtet dann unseren Fokus wieder nach außen.

Über diesen Teil der Definition schreibt Mullholland:

> Wenn wir diese Dynamik außer Acht lassen und in unserer Definition umgehen (...), haben wir keine christliche „Spiritual Formation" und keine ganzheitliche „Spiritual Formation" mehr. Was dann bleibt, ist ein krankhaftes System, bei dem alles „privat" und „individuell" ist – was einfach eine vergeistlichte Form der Selbstverwirklichung darstellt. 13

WIE HÄNGEN KONTEMPLATIVES GEBET UND GEISTLICHE KULTUREN ZUSAMMEN?

Das kontemplative Gebet ist der Grundbaustein der nach innen gerichteten geistlichen Übungen. Es versucht die in den Evangelien beschriebene Beziehung zwischen Jesu und seinem himmlischen Vater abzubilden – es hat das einfache Ziel mit Gott zusammen zu sein. Praktisch heißt das in Gott zu ruhen, wie er in uns ruht. Es ist die bewusste Begegnung mit dem, der uns vollkommen liebt. Kontemplatives Gebet bedeutet zu lernen, sich an Gott zu freuen, wie er sich an uns freut. Das bedeutet, den jetzigen Moment mit Gott zu leben – mit Gott zu sein, um mit Gott zu sein.

Thelma Hall schreibt:

> Kontemplation ist ein fremdes neues Land. (...) In ihm lernen wir eine neue Sprache (die Stille), eine neue Art zu leben (nicht „zu tun", sondern „zu sein"), die bedeutet, dass unsere Gedanken und Pläne, unsere Vorstellungen, Gefühle und Empfindungen ausgetauscht werden gegen Glauben an das Unsichtbare und Nichtgefühlte. Gottes scheinbare Abwesenheit (in unseren Gefühlen) ist hier seine Gegenwart - und sein Schweigen (gegenüber unserer gewohnten Wahrnehmung) sein Sprechen. (...) Unser wahres Ich hier zu erkennen, heißt zu erkennen, dass Gott uns über alle Maßen liebt. 14

ZUSAMMENFASSUNG

Das größte Geschenk Gottes an uns ist unsere Errettung. In Ewigkeit mit dem allmächtigen Gott, der uns bedingungslos liebt, verbunden zu leben, geht weit über alles hinaus, was wir uns hätten verdienen können. Unser Innenleben, unsere tiefsten Motive und Lebenseinstellungen in die von Christus verwandelt zu haben, heißt die Fülle des Lebens zu erfahren, die Er uns verheißen hat.

Geistliche Kulturen als Ort uns selbst zu treffen

Erforsche mich, Gott, und erkenne, was in meinem Herzen vor sich geht; prüfe mich und erkenne meine Gedanken! Sieh, ob ich einen Weg eingeschlagen habe, der mich von dir wegführen würde, und leite mich auf dem Weg, der ewig Bestand hat!

(Psalm 139,23-24)

D as Johari-Fenster ist ein Instrument aus der Psychologie, das 1955 von Joseph Luft und Harry Ingham entwickelt wurde. Es wird von Seelsorgern und auch Personalmanagern in der Wirtschaft benutzt. Wir nehmen dieses Schema, um weiter darauf einzugehen, wie die Kraft des Evangeliums uns von innen her verändern kann.

DAS JOHARI FENSTER – DIE ENTSCHLÜSSE-LUNG MEINER SELBSTWAHRNEHMUNG

01 Das öffentliche Selbst

Das erste Viereck im Schaubild repräsentiert den Teil von dir, den du und andere sehen können. Dieser Teil wird auch das öffentliche Selbst genannt. Dies ist der Teil unserer Identität, den wir der Welt, in der wir leben, präsentieren. Dies kann Teil unserer echten Identität sein oder einfach nur eine Maske, die wir tragen, um zu verdecken, wer wir wirklich sind. Sie kann entweder von uns selber für uns gewählt sein oder uns von anderen gegeben worden sein. Manchmal nennt man diese Identität auch unsere Rolle.

Oft fühlen Christen sich unter Druck, mehr zu sein als sie wirklich sind. Wir legen viel Zeit und Energie darin, etwas vorzuspielen. Wir haben Druck beim Job zu glänzen, ein liebender Ehepartner zu sein, die perfekten Eltern, etc. In so einer Spannung fangen wir dann an nach Mottos wie „Immer cool bleiben!", „Indianerherz kennt keinen Schmerz" und „Was keiner weiß, macht keinen heiß" zu leben, um Idealbilder aufrechtzuerhalten, hinter denen wir uns verstecken.

Wir verhalten uns wie der Zauberer aus dem Märchen „Der Zauberer von Oz": Wir schalten um und tun so, als wenn wir „Der großartige Oz" wären, fühlen uns innerlich aber überfordert und ohnmächtig.

02 Das private Selbst

Das zweite Viereck steht für den Teil von uns, den wir kennen, aber vor der Außenwelt versteckt halten. Wir alle haben dieses „private Selbst" und verstecken es gut. Unser privates Selbst kann aus guten oder schlechten Motiven für andere unzugänglich sein. Eltern haben beispielsweise die Rolle der Versorger ihren kleinen Kindern gegenüber, egal ob sie einen anstrengenden Tag hatten oder nicht. Es ist nicht angebracht, wenn sie ihre Erschöpfung oder ihren Frust mit dem Kind teilen. Die Motivation, das private Selbst nicht zu enthüllen, ist hier legitim.

Die Größe des öffentlichen und privaten Selbst variiert mit den Personen, die uns gerade umgeben. In der Beziehung zwischen mir (Charles) und meiner Frau ist das private Viereck sehr klein, weil wir versuchen so wenige Geheimnisse vor einander zu haben wie möglich. In meiner Ehe ist also das öffentliche Selbst sehr groß und das private Selbst sehr klein – dennoch ist auch bei mir das private Selbst vorhanden.

Wenn unser öffentliches Selbst nur eine Maske ist, um unser privates Selbst (was vielleicht unehrlich und betrügerisch ist) zu verstecken, bekommen wir Probleme. Sobald in unserem Leben eine Unstimmigkeit zwischen öffentlichem und privatem Selbst zu spüren ist, heißt es aufpassen – dies ist immer ein Warnsignal!

Religiosität ermutigt uns dazu, nicht zu sehr auf unser privates Selbst zu schauen und nach dem Motto zu leben: Außen gut – alles gut!

Indem wir unser Christsein darauf reduzieren, nach außen gut auszusehen, während innerlich die Kämpfe toben, erweisen wir Christus, anderen und uns selber einen Bärendienst. Nach einer Weile wird die Last, ständig in der Öffentlichkeit etwas dazustellen, was wir im Privaten nicht sind, unserer Seele schweren Schaden zufügen.

Wir alle haben ein Innenleben, das wir nur mit ein paar vertrauten Freunden teilen. Sogar Jesus ging es so, der kurz vor seinem Tod im Garten Gethsemane nur seine engsten Freunde bei sich haben wollte (Mat. 26,37). Dort, so heißt es, war er tief erschüttert und aufgewühlt. Er offenbarte sich seinen Freunden und sagte ihnen: *„Meine Seele ist zu Tode betrübt."* Mit anderen Worten, Jesus war so bekümmert, dass er sterben wollte. Er bat Gott das Unaussprechbare zu tun: *„Mein Vater, wenn es möglich ist, lass diesen bitteren Kelch an mir vorüber gehen! Aber nicht wie ich will, sondern wie du willst."* (Mat. 26,39)

Es ist erstaunlich, wie Jesus hier ein Stück seines privaten Selbst mit denen teilt, die es tragen können. Jesus offenbart hier in der Abgeschiedenheit des Gartens Gethsemane und in der Sicherheit der Gemeinschaft seiner engsten Freunde eine Seite von sich, die nur wenige jemals erblickt haben.

Wir alle haben ein privates Selbst von Gott erhalten, das geschützt und genährt sein will. Wir sind nicht nur Schauspieler auf der Bühne des Alltags – wir sind Söhne und Töchter, geschaffen im Abbild Gottes. Wie Jesus Gedanken hatte, die wir nicht kennen, ist auch nicht alles in uns für die Öffentlichkeit zugänglich und bestimmt. Um authentisch zu sein, muss unser Leben in der Öffentlichkeit aber ein natürlicher Ausdruck unseres Innenlebens sein.

03 Das offenbarte Selbst

Das dritte Viereck steht für unser offenbartes Selbst. Hiermit ist das gemeint, was von uns für andere sichtbar ist, uns selber aber verborgen bleibt. Es geht um die sogenannten „blinden Flecken". Wenn ich beispielsweise in einem Restaurant esse und ohne es zu merken etwas Essen in meinem Bart hängen bleibt, so ist dieses ein Teil meines offenbarten Selbst – andere können es sehen, ich aber nicht. Teilt mir aber jemand mit, dass ich etwas an meinem Bart habe, so bewegt dieser Speiserest sich in den Teil meines öffentlichen Selbst.

Andere nehmen immer Dinge an uns wahr, die wir

selbst nicht wahrnehmen – dies gilt für positive und negative Eigenschaften gleichermaßen. Egal, ob es in unserer Familie, unter Arbeitskollegen, in unserem Umfeld oder der Gemeinde ist: Wir brauchen Menschen, die uns genug lieben, um uns mitzuteilen, wo unsere blinden Flecken liegen. Die Gemeinschaft unter Christen sollte uns im besten Fall einen Mix aus positiver Bestätigung und liebevoller Konfrontation bieten. Da wir alle blinde Flecken haben, brauchen wir unsere Geschwister sowie geistliche Väter und Mütter, die uns die Wahrheit in Liebe mitzuteilen.

04 Das unbekannte Selbst

Das letzte Viereck ist unser unbekanntes Selbst. Dieser geheimnisvolle Bereich ist für uns und andere unbekannt. Aber er ist nicht unbekannt für Gott. Gott kennt uns besser als wir uns selber kennen und er liebt uns, wie wir sind. In diesen Bereich finden wir Dinge wie unbewusste Motivationen, Bereiche innerer Zerbrochenheit, unterdrückte und vergessene Erinnerungen. Genau an diesen Orten möchte Christus seine Herrschaft und sein Wesen in uns aufrichten.

Oft versuchen wir unsere Persönlichkeit aus Dingen zusammenzusetzen, die eigentlich nebensächlich sind – Dinge wie Erfolg, sozialer Status, Geld, Familienglück, Gesundheit oder unserem Ansehen bei anderen. Unsere wirkliche Identität findet sich niemals in unseren Erfolgen oder Leistungen. Sie ist ein Geschenk von Jesus. Wir sind mehr als die Summe unserer Erfolge und Niederlagen. Indem wir mit Christus in unser Innerstes reisen, überwinden wir die Last unserer Fehlgriffe oder Sünden und entdecken uns plötzlich in Ihm verborgen.

In *The Gift of Being Yourself,* macht David Brenner folgende Beobachtung:

> Eine starke Konditionierung während unserer Kindheit ermutigt uns, nur die willkommenen Teile unserer Persönlichkeit anzuerkennen. Die Anteile, die nicht mit am „Familientisch" erwünscht sind, werden dadurch stärker, nicht schwächer. Sie rutschen in den Bereich unseres Unterbewusstseins und haben von dort zunehmenden Einfluss auf unser Verhalten.

> Zur christlichen Spiritualität gehört dazu, alle Anteile von uns anzuerkennen, sie Gottes Liebe auszusetzen und zuzulassen, dass Er sie in die neue Person einwebt, die Er formt. Um dieses zuzulassen, müssen wir dazu bereit sein, alles Unwillkommene an uns als Teil von uns willkommen zu heißen – alles Unwillkommene am „Familientisch" zu präsentieren, dessen Formung und Heilung durch seine Liebe zu akzeptieren, bis alles voller Bestandteil der Person geworden ist, die wir durch sein Wirken werden.15

DAS JOHARI FENSTER UND UNSERE SPIRITUAL FORMATION

Heutzutage dreht sich unsere Jesusnachfolge zu sehr darum, dass wir vor allem nach außen hin gut dastehen. Wer sich allerdings danach sehnt, geistlich authentisch zu leben, folgt Jesus im öffentlichen und privaten Raum gleichermaßen. Das Anschauen des Johari-Fensters soll uns darauf aufmerksam machen, dass es tiefliegende Bereiche in uns gibt, die uns weder bewusst noch zugänglich sind (das unbekannte Selbst) – denen wir sozusagen „hilflos" gegenüberstehen.

Wie kann die Kraft des Evangeliums in unserem Leben tiefgreifende Veränderung und nicht nur eine bessere Fassade bringen? Wie kann das Evangeliums Licht und Transformation in die Bereiche unseres Ichs bringen, die sich unserer bewussten Wahrnehmung entziehen? Um auf diese Fragen weiter einzugehen und den Prozess aufzuzeigen, durch den Gott uns führt, möchten wir das Johari-Fenster als Basis nutzen, die vier Abschnitte[VII] anzusprechen, mit denen vor allem in katholischen und orthodoxen Kreisen die Reise des Gläubigen zu beschreiben versucht wird. Jeder Jesusnachfolger durchlebt sie im Laufe seines Lebens (teilweise mehrfach): das Erwachen, die Reinigung, die Erleuchtung und die Einheit.

4 Abschnitte der Reise eines Gläubigen

Das Erwachen

Beim Erwachen geht es um die Erfahrung der „ersten Liebe", die wir als Jesusnachfolger oftmals am Anfang unserer Beziehung mit Christus erleben. Beim Erwachen treffen wir Gott (und oft auch uns selber) zum allerersten Mal. Dies kann ein Prozess sein, in dem wir über längere Zeit lernen Gott zu vertrauen, oder auch ganz plötzlich in einer Bekehrungserfahrung geschehen. In der fortwährenden Beziehung mit Gott kommen wir viele Male an den Ort des Erwachens zurück. Dies sind für uns Zeiten der geistlichen Erneuerung – wir empfinden dann wie Hiob, der, obwohl schon eine lange Gottesbeziehung hinter ihm liegt, ausruft: *Ich kannte dich nur vom Hörensagen – jetzt aber hat mein Auge dich gesehen* (Hiob 42,5). In gewisser Weise ist unser ganzes Leben mit

---

VII   Je nach Tradition wird auch von drei Abschnitten gesprochen oder diese werden anders benannt.

Christus ein Prozess des Erwachens, da der Heilige Geist uns immer mehr bewusst macht, wie sehr Gott uns liebt und wer wir wirklich sind.

Die Reinigung

Bei der zweiten Phase geht es um die Reinigung unserer Angewohnheiten, Einstellungen und Taten, die dem Wort Gottes und seinem Wesen widersprechen. Wir erleben ein wachsendes Bewusstsein einzelner Sünden und den jahrelangen Auswirkungen unserer sündigen Natur. Am Anfang unseres Weges bearbeitet Gott meist die offensichtlicheren Fehleinstellungen. Nach einiger Zeit merken wir, dass Er auch anfängt unsere inneren Einstellungen und Motive zu durchleuchten. Gott lädt uns dabei ein mit ihm zusammen-zuarbeiten, während er die Programme in unserer Seele um-schreibt, die uns schaden und gegen seine Herrschaft in unserem Leben stehen. Viele dieser Programme sind innere Abwehrmechanismen, die wir aufgebaut haben, um in einer gefallenen Welt zu überleben. Wir haben anderen gegenüber Gedanken und –Verhaltensmuster antrainiert, die am Ende uns und ihnen schaden. Die Entwicklung dieser Muster ge-schieht, lange bevor wir lernen mit Gott zusammen durch Schmerz und Enttäuschungen zu gehen und Heilung und Trost von ihm zu empfangen.

Bei diesen tiefen Mustern ist uns nicht wirklich bewusst, warum wir tun, was wir tun und andere können von außen nur Vermutungen anstellen. Wir fangen jetzt an in unserem Leben Raum zu schaffen, wo Gott uns in diese Bereiche führen darf, um sie mit seinem Wesen zu erfüllen. Der Gang durch dieses Feuer, in dem wir von den uns manipulieren-den und Schaden bringenden inneren Sicherheitssystemen befreit werden, bedeutet nicht unseren Tod, sondern unsere

Transformation und Reinigung.
James Finley spricht über diesen Prozess in seinem Buch
Merton's Palace of Nowhere.

> Gebet deckt unser Herz auf und erlaubt seine Be-
> schneidung durch Gottes zarte Berührung. Es gibt
> kein geistliches Wachstum durch Gebet, ohne ein ge-
> wisses Maß an Berührung durch diesen Prozess der
> Reinigung, aus dem unser wahres Ich mit unerwarte-
> tem Glanz hervortritt.16

Hier ist ein Beispiel, wie diese Reinigung aussehen
kann: Vor ein paar Jahren traf ich (Charles) einen meiner
Co-Leiter, mit dem mich auch eine Freundschaft verband,
zum Essen. In einem Moment von tiefer Ehrlichkeit teilte er mir auf einmal mit, dass er sich von mir manipuliert
fühlte. Es ging dabei um nichts Spezifisches, was ich getan
oder gesagt hatte, sondern eher ein allgemeines Gefühl von
Manipulation, was er in meiner Nähe fühlte. Anstatt dagegen
anzureden oder Beweise von ihm zu fordern, versuchte ich
wirklich zuzuhören, weil ich merkte, dass er etwas ansprach,
was andere auch schon angemerkt hatten. Er fühlte sich von
mir unangemessen beeinflusst und ich fing an zu verstehen,
dass sein Empfinden wohl begründet war. Ich konnte mein
Verhalten dennoch nicht greifen und wusste nicht, wie ich
mich verändern sollte.

Einige Jahre später als ich Psalm 23 meditierte, begann
Gott zu mir über meine Angst verlassen zu werden zu sprechen. Aufgrund dieser Angst versuchte ich Kontrolle darüber zu erlangen, wie andere mich wahrnahmen. Ich versuchte auf subtilen Wegen anderen Halbwahrheiten über mich
zu vermitteln und in Graubereichen zu leben. Gott zeigte
mir viele Beziehungen, in denen ich manipulierte, damit ich

mich sicher fühlen konnte. Er zeigte mir auch, wie ich gezielt Beziehungen um meine Zerbrochenheit herum gebaut hatte, um so das Gefühl zu haben in Kontrolle zu sein. Diese Offenbarung und Einsicht Gottes war extrem schmerzhaft und demütigend. Die danach nötigen Veränderungen (die inneren und sozialen) zu vollziehen, war, obwohl Gott seine Gnade dazu gab, sehr herausfordernd. Gleich am Anfang des Prozesses musste ich meiner Angst, verlassen zu werden, direkt ins Gesicht sehen. Mit diesem Thema bin ich immer noch in Bewegung.

Die Erleuchtung

Erleuchtung oder auch Illumination ist einer der klassischen christlichen Begriffe, die wir benutzen, um die sich vertiefende Verbindung mit Gott zu beschreiben. Diese Vertiefung wird deutlich in einer radikalen Veränderung unserer Gottesbeziehung. Wir fangen betend an, mit ihm verbunden zu leben. Wir lernen, Gott in Momenten des Schmerzes genauso wie in Momenten der Freude zu finden. Am Anfang unserer Gottesbeziehung nahmen wir ihn als jemand wahr, der „im Himmel" ist, außerhalb von uns - wir hatten das Gefühl ihn „finden" zu müssen. Während der Erleuchtung fangen wir an, Gott tiefer und intimer kennenzulernen – wir treffen Gott in uns.

Nachdem wir durch Zeiten der Reinigung gegangen sind und erlebt haben wie unser inneres Leben neu geordnet wurde, fangen wir jetzt damit an, die Nähe Gottes tief in uns zu erkennen. Hierin erfahren wir auf eine neue Art, dass Gott und nicht wir selber die Kontrolle in der gemeinsamen Beziehung haben. Wir finden in dieser neuen Perspektive tiefen Frieden und Freude.

Die Vereinigung

Die Vereinigung beschreibt die Erfahrung des fortwährenden Einsseins mit Gott. Dies ist ein Ort des Ruhens, wo wir eins mit den Absichten und dem Charakter Christi geworden sind. Um es mit den Worten des Apostels Petrus zu sagen: „Wir nehmen Anteil an seiner göttlichen Natur" (2. Pet. 1,4). Alle unsere Sehnsucht nach menschlicher Anerkennung oder Erfolgen wird Christus zu Füßen gelegt. Diese Erfahrung kann sowohl mit großer Freude oder auch mit Schmerz verbunden sein, weil wir anfangen Gottes Emotionen tiefer wahrzunehmen.

ZUSAMMENFASSUNG

Das Johari-Fenster hilft uns zu verstehen, wie nötig es ist, uns selber kennenzulernen, um von Gott verwandelt zu werden und in der Fülle dessen leben zu können, was wir in ihm sind. Sind wir uns nicht darüber bewusst, dass es in uns verborgene Bereiche gibt, die Gott anrühren möchte, bleibt unsere Christuszuwendung in einem Zyklus zwischen den *Phasen des Erwachens* und der Reinigung gefangen. Durch das *Erlebnis des Erwachens* und der Erfahrung der Liebe Gottes gehen wir mutig, geführt von Gott in eine *Phase der Reinigung.* Da wir aber nicht verstehen, dass seine Reinigung vor allem auf die tiefsten Ebenen unseres Seins abzielt, bleiben wir dabei, Symptome zu beseitigen, anstatt Gott an die Wurzel zu lassen. Nach einer kurzen Zeit des Erfolges treten alte Zerbrochenheiten wieder zutage. Erfüllt von Scham und dem Gefühl versagt zu haben sehnen wir eine *neue Zeit des Erwachens* herbei, um neue Motivation und Kraft für eine weitere (oberflächliche) Reinigung zu erhalten.

Verstehen wir die Intention des Handeln Gottes – unsere Wurzel zu heilen, anstatt Symptome auszumerzen - hilft dies den Kreislauf zu durchbrechen und echte Transformation zu erleben.

Diese Transformation beginnt damit, dass wir verstehen, wer wir wirklich sind.

Thomas Merton definiert einen Heiligen als jemanden, „der er selbst ist"17. Diese „Selbstwerdung" ist nur in Christus möglich. Der Mut, wir selbst zu sein, kommt aus der Sicherheit, von Gott vollkommen geliebt zu sein.

Diesen „Heiligen" finden wir nicht aus eigener Kraft. Nur in der ehrlichen Unterhaltung mit Gott merken wir plötzlich, wie unser falsches Ich abgestreift wird und unser wahres Ich hervortritt. Dieser Vorgang ist vergleichbar mit der Enthüllung eines Schmetterlings aus einem Kokon. Wir entdecken so auch neue Teile unseres Ichs, die erforscht und zum Leben erweckt werden wollen – z.B. den Künstler, Schreiber, Tänzer, Menschenfreund oder Abenteurer, der auch in uns lebt.

Die von uns eben angerissenen Entwicklungsphasen eines Gläubigen wollen wir nun noch gründlicher anschauen. Wir benutzen dazu ein etwas weiter entwickeltes Model, was von sechs geistlichen „Jahreszeiten" spricht und vertiefend auf die wichtigen und prägenden Erfahrungen unserer Glaubenskrisen eingeht.

Kapitel 5

Stationen unserer Reise – Liebe, Krise und Auferstehung

Als ich noch ein Kind war, redete ich, wie Kinder reden, dachte, wie Kinder denken, und urteilte, wie Kinder urteilen. Doch als Erwachsener habe ich abgelegt, was kindlich ist.

(1. Kor 13,11)

Seit der frühen Kirchengeschichte haben Autoren über Entwicklungsphasen und Reifeprozesse der Jesusnachfolge geforscht und geschrieben. *In The Critical Journey; Stages in the Life of Faith* kombinieren Janet Hagberg und Robert Guelich das Wissen der Kirchenväter und die Weisheit der Bibel. Sie bieten uns ein ganzheitliches und zeitgemäßes Leitbild für die Reise zu geistlicher Reife. Wir haben das von ihnen entwickelte Modell hier übernommen und weitere Gedanken von Dr. Bruce Demarest *Soul Guide*1, Peter Scazzero *Emotionally Healthy Spirituality*2, Sue Monk Kidd *When the Heart Waits*3 und Robert Mulholland, Jr. *Invitation to a Journey*4 hinzugefügt.

Unsere Absicht ist es, den Prozess, durch den Gott uns führen möchte, hier zu beschreiben und ermutigend zu begleiten. Es ist nicht unser Ziel, einen Plan zur geistlichen Reifung passend für jeden und alle Lebenslagen zu erstellen. Dies ist mehr ein Versuch die Reisestationen zu beschreiben, die wir als Jesusnachfolger durchlaufen.

Die Bibel und unsere Praxis lehren uns, dass geistliches Wachstum ein Prozess ist. Gott ist immer dabei unser Wachstum zu ermutigen und zu fördern, aber wir haben auch immer die Möglichkeit, ihm zu widerstehen. Es braucht unser ernsthaftes Engagement, um in einer gefallenen Welt in unserer Heiligung zu wachsen und geistlich reif zu werden. Deswegen beschreibt biblische Spiritualität immer ein Zusammentreffen von göttlicher Kraft und unserer aktiven Mitarbeit.

Die im Folgenden vorgestellten Reiseetappen bauen aufeinander auf und sind alle zu unserem Wachstum notwendig – wir können keine von ihnen nach eigenem Ermessen einfach „auslassen". Trotzdem stellen sie nur ein Muster dar, das viele, aber nicht alle Menschen, in ihrem geistlichen Leben durchlaufen. Ihre Reihenfolge muss nicht linear, wie hier dargestellt, verlaufen. Es kommt vor, dass wir Etappen wiederholt begehen, und können sie deswegen nicht einfach nach dem Durchlaufen abhaken. Wir bewegen uns in unterschiedlichem Tempo durch jede Etappe, können uns dabei sogar zurückentwickeln oder auf einer „stecken" bleiben.

Manche von uns erleben vielleicht sogar mehrere Etappen gleichzeitig. Aber die meisten haben immer so etwas wie eine „Hauptbaustelle", auf der sie sich gerade befinden.

Diese Reiseetappen werden auch gerne als geistliche Jahreszeiten bezeichnet, was eine bildhaftere Betrachtung dieser Abschnitte zulässt: Jahreszeiten kann man nicht steuern. Wir lernen, uns an sie anzupassen, sind dann in ihnen erfolgreich und können sie sogar genießen. Im Folgenden werden wir deshalb hauptsächlich diesen Begriff verwenden.

01 ERSTE LIEBE

Unsere Reise beginnt mit der Hinwendung zu Jesus, mit unserer Bekehrung. Das ist unsere Startlinie. Wir haben eine Begegnung mit der Liebe Gottes, was eine schrittweise oder sehr radikale Erfahrung sein kann. Man könnte sagen, dass unser geistliches Erwachen zwei Seiten hat. Es ist eine Begegnung mit dem lebendigen Gott und ebenso mit uns selbst.

In dieser ersten geistlichen Jahreszeit erfahren wir die Freude unserer Errettung, können uns aber zur gleichen Zeit auch schwach und unwürdig fühlen. Wir erleben jetzt vielleicht zum allerersten Mal eine geistliche Reinigung.

Der Begriff *Reinigung* beschreibt hier den Prozess, durch den Gott uns führt, wenn Er uns von unjesusmäßigen Eigenschaften erlöst. Gottes reinigendes Eingreifen an diesem Punkt unserer Reise dreht sich meist um sündige Handlungen und Lebensstile.

Gesunde Spiritualität zeigt sich in dieser Zeit durch unsere von Herzen kommende Reue und unser Vertrauen in Gottes Willen für uns.

Folgende *geistliche Übungen* sind in dieser Zeit hilfreich: Bibelstudium, Bekenntnis von Sünden, gemeinschaftliche und persönliche Anbetung.

Wir können in dieser Jahreszeit hängen bleiben. Die Gründe hierfür sind oft eine nur halbherzige Umkehr oder der Widerwillen bzw. die Unfähigkeit, einen unjesusmäßigen Lebensstil aufzugeben. Genauso kann es sein, dass wir niemals wirklich die Realität der Vergebung Gottes für uns ergreifen und so darin verharren, gegen die Gefühle der eigenen Unwürdigkeit zu kämpfen. In manchen Fällen scheinen Menschen auch durch emotionale Verletzungen oder Süchte so ausgebremst zu sein, dass sie nicht weit über diese Startlinie hinweg kommen.

Um zur nächsten Jahreszeit zu gelangen, ist es wichtig, dass wir eine geistliche Familie finden.

Gott wird uns auf unserer Reise noch oft in die eben vorgestellte erste Jahreszeit zurückführen, um uns zu erneuern und zu erfrischen.

02 LERNEN UND DAZUGEHÖREN

Wenn wir wachsen und zu geistlicher Reife kommen wollen, ist es wichtig, dass wir als junge Gläubige in einer Gemeinschaft Anschluss finden. Persönliches Bibelstudium sowie erbauliche, christliche Gemeinschaft sind in dieser zweiten geistlichen Jahreszeit für uns starke Wachstumskräfte. Jetzt sind wir begierig, mehr über Gott und die Bibel herauszufinden, um zu verstehen wie ein Leben mit Christus aussehen kann. In dieser Phase fühlen wir uns dabei oft von Leitern angezogen, die ein starkes „schwarz-weiß" Denken propagieren und gern einfache Antworten auf schwierige Lebenssituationen parat haben. Solch starke Aussagen vermitteln uns beispielsweise, dass Zungenrede, Bibelwissen, positiver Glaube, Unterordnung oder persönliches Evangelisieren der einzige Weg zu geistlichem Wachstum seien und führen uns eher zu einer starken Fokussierung auf einzelne Inhalte als zu einer guten Gesamtsicht unserer Glaubenserfahrung.

Wir bleiben in dieser Jahreszeit hängen, wenn wir extrem starr in unseren Überzeugungen werden und anderen gegenüber äußerst kritisch auftreten. Eifern wir unseren Leitern so nach, entwickelt sich eine *Wir-gegen-den-Rest-der-Welt-Mentalität* in uns. Aus unserem Misstrauen gegenüber anderen Gruppen kann dann eine ungesunde und codependente Verbundenheit zu unserer eigenen Gemeinde und deren Leitung entstehen. Es kann sich die Neigung ausbilden, in der Rolle des Schülers zu verharren und nicht selber geistlich reif und verantwortungsbewusst eine eigene Spiritualität auszubilden.

Ein gesunder Verlauf auf dieser Stufe braucht Leiter und ein Gemeindeumfeld, die uns ermutigen, selbstständig zu denken und mit den Widersprüchen des Glaubens selber zu ringen.

Gesunde Spiritualität zeigt sich in dieser Phase durch einen belehrbaren Geist, Erkenntnis und Gehorsam gegenüber der Wahrheit, Engagement in einer Gemeinde und

Demut. *Geistliche Übungen,* die uns in dieser Zeit helfen können sind Bibelstudium, gemeinschaftliche und persönliche Anbetung, unsere Glaubensreise mit Jesus fernstehenden Freunden zu teilen und sich unter Leitung zu begeben. Eine erste Anleitung zu kontemplativen Gebet kann uns als jungem Jesusnachfolger helfen, uns zu sammeln und in einen von Herzen kommenden und reifen Glauben einzutreten.

Um zur nächsten Phase zu gelangen ist es wichtig, dass wir anfangen Anderen zu dienen.

03 DIENEN

Diese geistliche Jahreszeit wird auch die *Doing-Stage*[I] genannt. Auf dieser Stufe lernen wir unsere geistlichen Gaben besser kennen und werden bereit, sie einzusetzen. Wir beginnen aktiv zu werden, indem wir Gott und seiner Gemeinde dienen und Ihn durch uns wirken lassen. Wir entwickeln uns zu mit-tragenden und verantwortlichen Gliedern der Familie Gottes.

Der Fokus unserer Spiritualität und unseres Glaubens liegt jetzt darin, Gott und anderen Menschen zu dienen. Wir werden von der Gemeinde für unsere Treue und Bereitschaft gelobt und lernen unsere eigenen Belange zurückzustellen. Unser Schwerpunkt kann in dieser Phase auf äußeren Dingen, wie erfolgreicher Evangelisation, der Steigerung unseres geistlichen Outputs und den Erfolgen, die wir in unserem Umfeld zustande bringen, liegen.

Die geistlichen Übungen, welche diese Phase markieren, sind aktive Mitarbeit in der Gemeinde, großzügiges Teilen unserer Mittel, mutiges Eintreten für Andere und treuer Ein-

---

I   Handlungs-Phase.

satz unserer geistlichen Gaben und Talente. Einige fangen in dieser Zeit an, Leitungsaufgaben zu übernehmen. Es ist wichtig, dass wir jetzt auch uns spiegelnde Elemente in unser geistliches Leben einfügen. Wir müssen die Bibel studieren, aber nicht nur, um lehren zu können, sondern vor allem um selber geistlich zu wachsen. Genauso ist es wichtig, Teil einer Kleingruppe zu sein, die wir nicht selber leiten. Wir sollten aufrichtige Beziehungen haben, in denen wir offen und transparent sein können. Es ist nötig, dass wir bewusst Zeiten einplanen, in denen wir uns zurückziehen können, um geistliche Erholung zu erfahren. Gleichzeitig ist es wichtig, dass wir für die teils versteckten Rufe unserer Familie ein offenes Ohr haben. Fängt unsere Familie durch unser geistliches Engagement an, Gott und die Gemeinde als Konkurrenz zu empfinden, werden wir mit unseren „Nächsten" eine bittere Ernte einfahren, während wir Gott und der Gemeinde dienen. Die gleiche Achtsamkeit müssen wir in dieser Phase auch gegenüber Körper und Seele haben. Leben wir ständig aus Adrenalinschüben? Essen wir zwanghaft? Oder gleiten wir, um Abschalten zu können, in unjesusmäßige oder unweise Aktivitäten ab?

Gesunde Spiritualität ist in dieser Phase gekennzeichnet durch eine Ausgeglichenheit zwischen Aktivität und Ruhezeiten. Die Herausforderung besteht darin, dem Beispiel Jesu zu folgen und unseren geplanten geistlichen Einsätzen genauso geplante Ruhezeiten folgen zu lassen. Dazu müssen wir darauf achten auch ein soziales Leben neben der Verantwortung in der Gemeinde zu haben. Es ist gut, sich Rat von Mentoren oder einem Seelsorger zu holen, wenn es so scheint, dass unser Leben in diesen Bereichen aus der Balance geraten ist.

In dieser Jahreszeit können wir stecken bleiben, wenn wir den

Dienst zum Mittelpunkt unseres Lebens werden lassen. Das kann heißen, dass wir unsere eigene Gottesbeziehung und Freundschaften vernachlässigen oder dass wir die Notwendigkeit, Ruhepausen einzulegen, missachten. Die Folgen für uns sind ein Gefühl von Leere, innerer Ärger und Erschöpfung. Meist geschieht es an diesem Punkt in unserer geistlichen Entwicklung, dass wir uns plötzlich in einer Sackgasse wiederfinden und eine Krise erleben.

DIE KRISE

Im Übergang der dritten zur vierten Jahreszeit gibt es gewöhnlich eine Krise, die sich anfühlt, als wären wir mit unserem geistlichen Leben in voller Fahrt „gegen die Wand gefahren". Diese Krise kann durch eine natürliche Entwicklung, wie einen Lebensabschnittsübergang oder eine Midlife-Crisis, ausgelöst werden. Gründe können aber auch Lebensumstände, wie Verlust der Arbeitsstelle, familiäre Herausforderungen, ein Burn-out oder eine schwere Erkrankung sein. Für Einige bedeutet diese Krise ein mehr oder weniger überschaubarer Wechsel in einen neuen Lebensabschnitt, für Andere entfaltet sie sich in einer echten persönlichen Erschütterung, die viele Lebensbereiche umfasst. In dieser Zeit müssen wir plötzlich der eigenen Unzulänglichkeit ins Auge sehen, während versteckte Bereiche von Zerbrochenheit offenbar werden. Unser christlicher Glaube scheint dabei, so wie wir ihn bis jetzt gelebt haben, nicht mehr zu funktionieren. Diese Art von Krise wird von den Mystikern auch als *Dunkle Nacht der Seele* beschrieben.

In den letzten Jahren schildern viele Autoren, dass ein Großteil der US-amerikanischen Gemeinden in der dritten Jahreszeit stecken geblieben sind, und enorme Probleme damit haben, sich aus dieser „Sackgasse" heraus zu navigieren. Um weiter zu kommen müssen wir an diesem Punkt lernen, unseren Blick nach innen zu richten. Dies zu tun bedeutet allerdings eine große emotionale Anstrengung und kann auch heißen, dass wir vorübergehend Aktivitäten der dritten Phase (Dienen) ruhen lassen müssen, um Zeit und Energie zu haben, die nötige Arbeit an unserem Inneren zu tun.

Viele, wenn nicht alle von uns, wissen nicht, wie wir umkehren können, wenn wir erst einmal „in der Sackgasse" gelandet sind. Ständige Aktivität und Produktivität sind als Werte in unserer Kultur so verwurzelt, dass ein Rückzug aus der Geschäftigkeit, um nach innen zu schauen, völlig gegen unsere Prägung und Werte spricht. Dementsprechend reagieren viele auf die Krise, indem sie versuchen diese auszublenden und produktiv zu bleiben, um so die Erwartung ihrer Umgebung zu erfüllen.

Andere kehren in der Krise einfach in Phase Eins (Erste Liebe) oder Zwei (Lernen und Dazugehören) zurück in der Hoffnung, dort erfrischt und ausgerüstet zu werden, um danach wieder in die dritte Phase zu gehen und dort weiter dienen zu können.

Doch selbst wenn wir in der Krise die Reise nach innen mutig antreten, kann es sein, dass wir unterwegs nicht bereit sind, uns dem teils schmerzhaften und mühevollen Prozess wirklich auszusetzen. Wir fühlen uns dazu unfähig oder entscheiden uns dagegen, die Kontrolle über unser Leben ganz Gott zu überlassen. Als Konsequenz verharren wir weiter in der dritten Jahreszeit.

Genauso können wir die innere Reise beginnen, uns dann aber mangels geistlicher Führung und Mentoren darin allein gelassen fühlen. Verwirrt und ängstlich kehren wir schließlich zu unseren alten Gewohnheiten zurück, die zwar nicht unbedingt erfüllend sind, uns aber Sicherheit vermitteln.

Einige verlassen in so einer Krise auch erschöpft, frustriert oder enttäuscht die Gemeinde. Dieser Bruch kann auch einfach emotional geschehen. Dies sind Christen, die vielleicht physisch anwesend sind, sich innerlich aber lange abgemeldet haben. Dieser Prozess geht meist mit einem gewissen Maß an Selbsttäuschung einher. So wird auf Nachfrage betont, dass man noch Teil der Gemeinde ist, in der Realität wird am Gemeindeleben aber kein Anteil genommen.

Manchmal werden bei einem erneuten Durchlaufen der Phasen Eins bis Drei die Gemeinde oder persönliche Glaubensschwerpunkte gewechselt. Dies geschieht aus einer Enttäuschung über das Erlebte und in der Hoffnung, Wachstum durch ein neues geistliches Zuhause, neue Wahrheiten, Einsichten oder Erlebnisse zu erleben.

Es ist nicht ungewöhnlich, dass Menschen die ersten drei Jahreszeiten diverse Male durchlaufen, bevor sie für die Vierte „bereit" sind. Eine der Ursachen, warum wir die Phasen Eins bis Drei oft mehrmals durchlaufen, ist auch die mangelnde Fähigkeit unserer Gemeinden, uns erfolgreich von der dritten Phase in die vierte zu begleiten.

Unser Weiterkommen geschieht hier durch die Erfahrung der Gnade. Wenn wir an diesem Punkt der Reise stecken bleiben, erfahren wir unser Leben mit Gott nur im Rahmen der Phasen Eins bis Drei und erleben nie das tiefgreifende Werk, das Gott an unserem Inneren tun möchte.

Nicht jeder erfährt diese Krise mit der gleichen Dramatik. Für jene, die gelernt haben, ihre Lebenserfahrungen aufzuarbeiten, ihre Enttäuschungen anzusehen und ihre Erwartungen in gesunder Weise anzupassen, wird diese Zeit weniger traumatisch sein. Die Entwicklung eines kontemplativen Lebensstils in den ersten drei Phasen unserer Jesusnachfolge hilft uns dabei, den Sprung in die vierte Jahreszeit leichter zu bewältigen – dies gilt vor allem für Personen mit Leitungsverantwortung.

DER ÜBERGANG ZUR VIERTEN JAHRES-
ZEIT ALS „DUNKLE NACHT DER SEELE"

Während der nächsten drei Phasen beginnt Gott damit, die tiefsitzenden Strukturen unseres Seins und unseres Verhaltens zu berühren. Dies ist die Fortsetzung des Reinigungsprozesses, den Gott während der ersten Jahreszeit begonnen hat. Er lädt uns ein, mit Ihm zusammen zu arbeiten, um die falschen Identitäten und Persönlichkeiten aufzudecken, die wir uns selber geschaffen haben. Gott leitet uns jetzt in eine starke innere Neuorientierung.

Mulholland schreibt dazu:

> „Gott beschäftigt sich nun mit den tief sitzenden Haltungen und inneren Vorstellungen unseres Selbst, aus welchen unsere Verhaltensmuster entspringen. Diese Reinigung behandelt in erster Linie unsere Vertrauensstrukturen, besonders jene tief sitzenden Lebenshaltungen, in denen es nicht um Gott, sondern unser eigenes Wohlergehen geht."5

Sue Monk Kidd, die auch von diesen Vertrauensstrukturen spricht, schreibt:

> „Während wir versuchen, uns an die Verletzungen und Realitäten des Lebens anzupassen oder uns zu schützen, schaffen wir jeder eine einzigartige Vielfalt von

Verteidigungsmechanismen – Muster im Denken, im Verhalten und in Beziehungen, die dazu dienen uns selbst zu schützen. Diese egozentrischen Muster gestalten unser falsches Selbst."6

Diese tiefgreifende Zeit der Reinigung wird von Mystikern *Die dunkle Nacht der Seele genannt.* Durch die ganze Kirchengeschichte finden wir Beschreibungen derer, die so eine Phase erlebt haben. *Die Dunkle Nacht der Seele* ist für jeden eine Erfahrung mit unterschiedlicher Dynamik, jedoch immer davon gekennzeichnet, dass unsere üblichen Antworten und Glaubenssysteme nicht mehr greifen.

Diejenigen von uns, die sich durch diese Phase hindurcharbeiten, werden von der Abhängigkeit, in manipulativen und schädigenden, inneren Systemen zu leben, befreit. Durch dieses Feuer zu gehen tötet uns nicht, sondern bringt uns Umgestaltung und Reinigung.

Kidd, die über ihre eigene Reise schreibt, erwähnt auch *Die dunkle Nacht der Seele:*

„Mechtild von Magdeburg schrieb darüber: ‚Es ist eine Zeit, wenn beide, Körper und Seele in eine solch riesige Dunkelheit eintreten, dass man das Licht verliert.' Es ist eine Zeit, in der die eigene Seele in die Nacht sinkt."

„Johannes vom Kreuz (...) erklärte, dass man währenddessen ein Gefühl der Ablehnung durch Gott erleiden kann, ebenso wie Trockenheit, Leere und eine schmerzhafte Begegnung mit dem eigenen Hunger nach Gott. (...) Die Bestimmung der *dunklen Nacht* ist, uns zu reinigen."

„Frühere Gedanken über Gott und Wege, mit Ihm Beziehung zu leben, reichen in dieser Zeit nicht mehr aus. (...) Merton erzählt uns, dass die Dunkelheit kommt, wenn wir Gott erlauben, unser falsches Selbst freizulegen und uns zu der Person zu gestalten, die wir eigentlich sein sollten. Unsere Umformung hängt von diesem Aufdecken ab, (...) einem Prozess, der die Abschaffung der Selbstsucht mit sich bringt. Es geschieht die Umarbeitung der alten Geschichte, die wir uns selber geschrieben haben, um in ihr zu leben, sowie die Entflechtung der Illusionen, nicht nur über uns selbst, sondern auch über Gott. Dieses Aufdecken erfordert und bewirkt eine zeitlich begrenzte Dunkelheit."7

Dr. Bruce Demarest beschreibt die Erfahrung der Teresa von Avila, einer spanischen Mystikerin und Reformerin der katholischen Kirche des 16. Jahrhunderts:

„Teresa von Avila erfuhr die *dunkle Nacht* (der Seele) in einer Periode des heftigen Widerstands und tiefen Leidens. Sie betete zum Herrn: ‚Warum behandelst du mich so hart?‘ Gott antwortete: ‚So behandle ich alle meine Freunde.‘ Teresa antwortete: „Jetzt verstehe ich, warum du so wenige hast."8

04 SICH DER LIEBE GOTTES AUSLIEFERN

In dieser geistlichen Jahreszeit führt uns die Reise geradewegs in unser Innerstes. Wie wir schon festgestellt haben, geschieht diese Bewegung fast immer im Zusammenhang mit einer persönlichen Krise. Für einige von uns löst die Reise ins Innere die Krise aus, andere werden erst durch eine Krise gezwungen, diese Reise anzutreten.

In dieser vierten Phase versuchen wir eher tiefere Zusammenhänge zu verstehen als schnelle und einfache Antworten zu erhalten. Es kann dabei passieren, dass wir uns eine Zeitlang von geistlichen Aktivitäten zurückziehen, während wir Gott in einer innigeren und persönlichen Weise suchen. Dieser Rückzug kann im Gemeindeumfeld Unverständnis auslösen. Menschen, mit Ausnahme derer, die diese Stufe selbst durchgemacht haben, verstehen meist nicht, warum wir anfangen Teile unserer Glaubenspraxis zu hinterfragen und unsere Mitarbeit ruhen zu lassen.

Gott beginnt währenddessen unsere alten Verhaltensmuster Ihm, uns selbst und anderen gegenüber abzustreifen. Dieser Prozess kann sehr schmerzvoll, verwirrend und ernüchternd sein. Es erfordert emotionale Kraft, Gott bei diesem inneren Werk zu folgen. Die Kraft, die wir dazu verwendet haben, unsere Persönlichkeit und unser falsches Selbst aufrecht zu erhalten, fließt nun in diesen inneren Prozess.

Um uns auf dieser Stufe weiter zu entwickeln, müssen wir lernen Gott neu zu vertrauen. Wir müssen Ihm uns selber oder einzelne Lebensbereiche ganz neu ausliefern. Gott ist der Architekt und Bauarbeiter bei der Sanierung unseres Innersten. Unsere Aufgabe ist es dabei, zu hören, zu vertrauen, zu antworten und zu gehorchen. Unser Ziel ist uns auszuliefern und zu lernen, in seiner Liebe als geliebtes Kind zu ruhen. Doch gerade das Ruhen und Gottvertrauen ist sehr herausfordernd, wenn wir uns in einer Art geistlicher Nacht befinden und noch nicht sicher sind, wohin dieser Prozess uns führen wird.

In dieser Jahreszeit können wir stecken bleiben, wenn wir während der inneren Reise selbstzentriert werden und es plötzlich nur noch um uns geht. Bei der Reise nach innen sollten wir niemals um uns selber kreisen, sondern Christus fokussieren und Ihm in unser Innerstes folgen.

Finden wir in dieser Phase kaum Hilfe in unserem christlichen Umfeld, kann es zu einer von uns initiierten Distanzierung zur Gemeinde kommen, da wir uns dort nicht verstanden fühlen. Ohne Hilfe kann eine weitere Reaktion darin bestehen, dass wir außerhalb des Glaubens „Nicht-Christus-zentrierte-Modelle" suchen, um die Krise zu überwinden.

In so einer Zeit benötigen die meisten Begleitung durch einen Spiritual Director oder einen Seelsorger, der uns erklären kann, wie Gott diesen Prozess benutzt, um unsere Seele umzuformen. Wenigstens benötigen wir jemanden, der vor uns schon durch diesen Prozess gegangen ist und uns jetzt helfen kann auf Kurs zu bleiben. Biographien derer, die Ähnliches erlebt haben, können in dieser Zeit eine große Hilfe sein. Es gibt eine ganze Reihe christlicher Autoren, die über solche Prozesse und ihre Erfahrungen mit der *Dunklen Nacht der Seele* geschrieben haben.

In dieser geistlichen Jahreszeit zeigt sich gesunde Spiritualität durch einen reifen Glauben und radikales Vertrauen in Gott. Die Art unserer Beziehung zu Gott verändert sich. Die Unsicherheit gegenüber Gott verschwindet und unser Glaube wächst. Wir beginnen zu erleben, was die christliche Mystik als „Ablösung" bezeichnet. Dies bedeutet, dass nicht mehr wir im Mittelpunkt unseres Lebens stehen, sondern Gott. Es geht um eine Lebenshaltung, bei der wir Gott aktiv unser ganzes Sein zur Verfügung stellen, damit seine Gegenwart und Kraft durch uns fließen und seine Absichten durch uns geschehen können. Genauso beginnen wir zu erfahren, was die frühen Christen als „Erleuchtung" bezeichneten. Dieser klassische Ausdruck beschreibt die Erfahrung, der sich vertiefende Beziehung des Gläubigen mit Gott.

Mulholland schreibt dazu:

„Diese Erleuchtung zeigt sich durch eine radikale Veränderung der tiefen Dynamiken unseres Seins, eine umfassende Verwandlung unserer Beziehung zu Gott. Erleuchtung ist die Erfahrung der aus Liebe inspirierten, vollständigen Selbstweihung an Gott. Anstatt dass ich die Beziehung mit Gott verantworte, liegt jetzt die absolute Kontrolle über die Beziehung bei Ihm (...). Die grundlegende Veränderung, die während der Erleuchtung geschieht, ist, dass wir Gott, den wir vorher als „da draußen" erlebt haben, jetzt tief in unserem Inneren erfahren.

Dies geht Hand in Hand mit der tiefen Ebene des absoluten Vertrauens, zu der uns diese reinigende Stufe hinführt. Denn solange Gott von uns als „da draußen", getrennt von uns, wahrgenommen wird, verstehen wir uns als unabhängige, selbständige Wesen. Daraus folgt, dass wir uns ängstlich bemühen, selber die Kontrolle über die Beziehung mit Gott und unsere begrenzte Welt zu erhalten."9

In dieser Jahreszeit sind geistliche Übungen notwendig, die kontemplativ und von innerer Besinnung gekennzeichnet sind. Diese werden wir in den folgenden Kapiteln vorstellen. Es sind Übungen wie das Examen, Lectio Divina, Zeiten des Rückzugs in die Einsamkeit oder persönliche Sabbatzeiten. Auch das Studium von Lebensberichten und Tagebüchern geistlicher Vorbilder kann jetzt sehr hilfreich sein. Weitere Schlüssel können in dieser Zeit die Kontaktaufnahme zu einem Spiritual Director oder das Beitreten bzw. Gründen einer Kleingruppe zum Thema „Spiritual Formation" sein.

05 KONVERGENZ

Nachdem die uns verwandelnde innere Reise abge-schlossen ist, führt uns Christus wieder nach außen. Wir gliedern uns mit einem neuen Gespür unserer Bestimmung wieder in die „aktive Welt" ein. Jede echte geistliche Ver-wandlung weist uns, nachdem sie uns nach innen geführt hat, wieder nach außen.

Zeiten des Rückzugs und des „In-sich-Gehens" müssen sich mit nach außen gerichteter Aktivität abwechseln. Es ist wichtig, dass wir lernen, Gott auch in den einfachen Din-gen des Lebens zu finden. Das Leben Jesu zeigt uns beides: Zeiten des persönlichen Rückzugs und ein lebendiges, nach außen gerichtetes geistliches Leben.

Diese fünfte geistliche Jahreszeit kann der dritten ähn-lich erscheinen. Der Unterschied liegt nicht in unserer nach außen gerichteten Aktivität, sondern in unserer inneren Mo-tivation dabei. Wir tun vielleicht die gleichen Dinge wie vorher – z.B. Menschen leiten oder anderen helfen - dienen jedoch nun aus einem neuen, geerdeten Zentrum. Unsere Spiritualität ist weniger von rastloser Aktivität und Zwang-haftigkeit gekennzeichnet. Es zeigt sich eine tiefe, innere Ruhe, aus der wir nun leben. Wir haben gelernt zu ruhen, sogar während wir aktiv sind.

Die Konvergenz wird für viele von uns dann sichtbar, wenn unsere Begabungen, Erfahrungen und Möglichkeiten zusammenlaufen und wir so in eine Zeit großer Fruchtbar-keit kommen. Weil Gott viele der falschen Motive nach Ehre und Anerkennung aus uns herausgespült hat, gibt es in uns nur noch wenig Neigung zur Selbstdarstellung. Diese innere Veränderung berührt die meisten Lebensbereiche. Manche finden in dieser Zeit den Mut, eine langjährige Anstellung zu verlassen, die nicht wirklich zu ihnen gepasst hat und wagen einen Neuanfang in einem Job, der ihren Begabungen (und Bedürfnissen) besser entspricht. In Zeiten solch einer Neufindung sind ein Mentor, Life-Coach, Spiritual Director oder ein gereifter Ratgeber hilfreich.

In der fünften oder sechsten Phase gibt es im Wesentlichen keine Hindernisse, die uns am Weiterkommen hindern. Wir leben unseren Glauben von innen heraus ganzheitlich und bringen viel Frucht.

06 VERVOLLSTÄNDIGUNG

Wir erfahren weitere Verwandlung durch die beständige Erfahrung der Liebe Gottes. Dabei empfinden wir in tiefer Weise Gottes Ruf an uns, unser Leben für andere einzusetzen. Erfüllt mit seiner Liebe sind wir bereit, andere selbstlos zu lieben. Wir kümmern uns wenig um unseren Ruf, persönlichen Erfolg oder um unsere Vorteile. Wir lieben die Nicht-Liebenswerten, sind freundlich zu unfreundlichen Menschen und beten für unsere Feinde. Menschen sind von uns angezogen, weil sie unsere Wahrhaftigkeit spüren. Christus ist vollkommen geworden in unserer Schwachheit.

In dieser Jahreszeit geschieht eine wirkliche Verschmelzung unserer Persönlichkeit mit Christus. Unser Wille, Charakter, unsere Mission und Werte sind die von Christus. Wir leben unser Leben so, wie Christus es leben würde. Allerdings sind wir dabei nicht vollkommen. Wir bemerken wohl unsere Sünden, haben aber verstanden, dass sich seine Stärke in unserer Schwäche vollkommen zeigt. Diese Verschmelzung kann zur gleichen Zeit schmerzlich und freudig sein. In dieser Jahreszeit leben wir in voller christlicher Reife.

ZUSAMMENFASSUNG

Die Wichtigkeit der ersten drei von uns beschriebenen Jahreszeiten (erste Liebe, Lernen und Dazugehören, Dienen) ist weitgehend in der Christenheit anerkannt. Ihr Durchlaufen ist für unsere geistliche Entwicklung notwendig. Es gibt ein großes Angebot von Kursen und Programmen in Gemeinden, um die Mitglieder durch diese Etappen zu führen. Ihr Ziel dabei ist meist, Menschen in der Gemeindemitarbeit zu etablieren.

Über die Phasen Vier bis Sechs gibt es allerdings in den meisten Gemeinden kaum Lehre. Es wird wenig darüber gesprochen, wie wir Raum dafür schaffen können, dass Gottes verwandelnde Kraft an unserem Innersten wirksam werden kann. Es braucht Möglichkeiten, Akzeptanz und Begleitung, damit Menschen sich von Gemeindeaktivitäten zurückziehen dürfen, um in der tiefen Begegnung mit Gott in emotionaler und geistlicher Gesundheit zu wachsen.

Lehren wir in unseren Gemeinden Modelle des kontemplativen Gebets, können diese Menschen in solchen Lebensphasen eine enorme Hilfe sein.

Ich (Charles) habe festgestellt, dass die meisten Gemeinden in den USA ihre Gemeindekultur um die ersten drei geistlichen Jahreszeiten (erste Liebe, Lernen und Dazugehören, Dienen) bauen. Dabei scheinen manche Gemeinden ihre Hauptaufgabe darin zu sehen, Menschen in eine Bekehrungserfahrung zu führen, andere betonen geistliche Ausbildung und sehen ihre Gemeinde als Schulungszentrum. Wieder andere legen den Fokus darauf, Menschen zum Dienst am Nächsten oder ihres Stadtteiles zu bewegen.

Während meiner Zeit als Pastor lag meine Aufgabe genau darin, Menschen durch die ersten drei Phasen zu begleiten. „Fuhren sie aber gegen die Wand", fühlte ich mich hilflos und wusste nicht, wie ich ihnen dabei helfen sollte, Jesus in ihr Innerstes zu folgen. Mein bester Rat an sie war entweder *mehr nach Gott zu suchen* (also, noch mal durch den Kreislauf der ersten drei Jahreszeiten zu gehen) oder einen Seelsorger zu konsultieren. Ich hatte keine Vorstellung, wie ich diesen Menschen helfen konnte, aus der dritten in die vierte Jahreszeit zu gelangen, da ich mich selber mit einem Leben in der dritten Jahreszeit abgefunden hatte.

Kurz nachdem ich (Kristian) Jesus Anfang der 90er kennen gelernt hatte, kam es in Hamburg während der Gründung der Jesus-Freaks zu einem geistlichen Aufbruch. Aufgrund der hohen geistlichen Dynamik geriet ich (als 1-Jähriger Christ) sofort in Leitungsverantwortung. Angetrieben durch mein Verlangen nach innerem Frieden streckte ich mich nach Gottes Liebe aus, wollte mehr lernen, mehr dazugehören, mehr für Jesus *reißen* (Dienen) und investierte überall gleichzeitig. Die Phasen Eins bis Drei fanden deswegen in den kommenden Jahren bei mir fast gleichzeitig statt. Ich sehnte mich zwar nach einer Weiterentwicklung und Fokussierung meiner Gotteserfahrung, sah aber niemanden, der es über Phase Drei (Dienen) hinweg geschafft hatte. Ich konnte mir nicht vorstellen, was es danach noch geben sollte.

Nach über zehn Jahren im geistlichen Dienst erwartete ich immer noch, dass sich mein ersehnter innerer Friede (irgendwann) durch genügend geistliche Aktivität einstellen würde. Meinen Glauben erfuhr ich als konstante Anstrengung und als eine nicht enden wollende Aufgabe. Ich hatte das Gefühl, dass es an mir hing, ob diese Welt (d.h. ich, meine Freunde, Familie, Hamburg) errettet werden würde. Außerdem empfand ich ein starkes Schwarz-Weiß-Denken, wenn es um die Frage der Bekehrung ging, was den Druck noch erhöhte.

Obwohl wir in dieser Zeit in einer kraftvollen Erweckung standen und Gott mächtig wirkte, musste ich erleben wie viele meiner Co-Leiter, deren Situation meiner glich, vor Erschöpfung in tiefe Krisen kamen und manche zynisch und desillusioniert der Gemeinde, ihrer Berufung oder auch Christus den Rücken kehrten.

Ich selbst suchte immer wieder verzweifelt die Erfahrung der *ersten Liebe* in der Hoffnung, neue Kraft und Leidenschaft für die mir anvertraute Aufgabe zu erlangen. In den ersten zwölf Jahren mit Jesus durchlebte ich klassisch die Phasen Eins bis Drei vielfach.

Als ich 2006 mit einigen Freunden beim Jesus-Freakstock Festival Gebet in Healing-Rooms und Workshops anbot, hatte Brian, einer von ihnen ein einfaches Bild für mich. Er sah einen Stachel in meinem Herzen und empfand, dass dieser sich nur durch *still vor Jesus liegen* lösen würde.

Das Bild sprach stark zu mir. Mein Innerstes würde nur Heilung durch intime Gemeinschaft mit Christus erfahren und nicht durch Glaubensabenteuer und geistlichen Aktionismus. Ich wusste genau, welchen Stachel Gott meinte und war - nachdem die Bemühungen der Vergangenheit offensichtlich nicht genügt hatten - schließlich bereit, einfach vor Jesus zu liegen.

In den folgenden Jahren begann eine neue Zeit der Reinigung und Gott offenbarte mir vermehrt meine verborgenen Fehlgriffe und Unzulänglichkeiten. Da diese oft in aller Öffentlichkeit sichtbar wurden, war der Prozess nicht nur schmerzhaft, sondern auch peinlich. Gott forderte mich auf, Buße bei einer Reihe von geistlichen Leitern zu tun, weil ich diesen mit Hochmut begegnet war. Dazu wurde ich persönlich angegriffen und musste erleben, wie Menschen, in die ich über Jahre investiert hatte, sich gegen mich wendeten. Menschen, die ich als Freunde ansah, brachen einfach den Kontakt zu mir ab. Mein Gefühl war, dass vieles, was ich mir in Jahren aufgebaut hatte, auf einmal wie mit einer Welle von mir weg geschwemmt wurde.

In diesen dunklen Zeiten erlebte ich aber auch Momente tiefer Heilung. Dies geschah durch die Erfahrung, dass Gott auch die Finsternis und Zerbrochenheit in mir annahm und mich in ihr liebte. Seit meiner Bekehrung hatte ich immer versucht, Gott meine besten Seiten und kraftvollsten Momente zu präsentieren, um seine Anerkennung zu erhalten. Ich merkte nun: Er wollte *mich*, nicht meinen Dienst. Ich lud Gott gezielt in die Abgründe ein, die sich in meinem Leben auftaten. Ich bat Ihn nun nicht mehr, meine Zerbrochenheiten von mir zu nehmen, sondern mir mitten in ihnen zu begegnen. So lernte ich immer mehr, nichts vor Ihm zu verstecken. Zu erleben, wie Er auch in Schmerz, Versagen und Scham Gemeinschaft mit mir suchte, veränderte mein Gottesbild radikal. Ich fing an, zu mir und zu Ihm in tieferer Art und Weise „Ja" zu sagen und merkte gleichzeitig, dass ich dabei war, erste Schritte in der vierten geistlichen Jahreszeit zu gehen.

Teil 2

Uralte Pfade der christlichen Spiritualität neu entdecken

Kapitel 6

Kontemplatives Gebet als Begegnung

Jesus hielt unterwegs an und betete.

(Lukas 11:1)

Das kontemplative Gebet als Raum der Intimität mit Gott

In den ersten Jahrzehnten nach dem Tod und der Auferstehung Jesu zog es Tausende seiner Nachfolger in die Wüsten Ägyptens, Palästinas, Syriens und der Türkei. Diese Jünger wurden als Wüstenväter und Wüstenmütter bekannt. Viele von ihnen widmeten ihr Leben nur dem Gebet und lebten in kleinen Höhlen, Kelion genannt. Die Höhlen waren gewöhnlich nur groß genug für eine Person und Gott. Kontemplatives Gebet ist ein ähnlicher Ort – es gibt dort nur Raum für dich und Gott.

Als ich (Charles) meine eigene Reise mit dem kontemplativen Gebet begann, ermutigte mich Gott, Schutzgrenzen um mein Gebetsleben zu ziehen. Er sagte: „Müssen wir immer über Gemeindesachen reden, wenn wir zusammen sind?" Er bat mich, nicht die Anliegen der Welt, meiner Gemeinde, meine Ehe oder meine Familie mit in diese Begegnung zu bringen, sondern nur mich selbst. Er wollte, dass diese Zeit nur um uns beide ging. Diese spezielle Einladung erschreckte mich und widersprach vielem, was ich bisher über das Gebet gelernt hatte. Wenn ich alle diese Themen nicht vorbringen durfte, worüber wollte Gott denn dann mit mir reden?

Es gibt eine Zeit und einen Ort, um in die Fürbitte zu gehen und Dinge oder Situationen vor Gott zu bringen, die sein Eingreifen benötigen. Die Bibel fordert uns zum Gebet für einander, für Regierende, geistliche Leiter, unsere Feinde, das Geschehen des Willens Gottes und vielem mehr deutlich auf.

Das kontemplative Gebet verhält sich allerdings eher wie ein intimer Eheabend. Der Sinn ist es, die Liebesbeziehung zwischen Gott und seinem/er Geliebten zu feiern und zu vertiefen. Es geht nicht darum, gemeinsame Projekte zu besprechen oder Lösungen zu erarbeiten – Ziel des kontemplativen Gebets ist nur *die Begegnung* mit Gott.

Das kontemplative Gebet als Ort, an dem Gott die Unterhaltung führt

Eines der größten Geschenke, die wir einem Menschen machen können, ist das Geschenk des Zuhörens. Wir alle haben sicherlich schon einmal die Erfahrung gemacht, mit jemandem zusammen zu sitzen, der nicht aufhört zu reden, während wir einfach nur nicken und höflich lächeln. Intuitiv wissen wir, dass der andere nicht daran interessiert ist, was wir zu sagen haben. Er sucht in uns einfach nur ein Publikum.

Kürzlich sprach Gott während des Gebets zu mir (Charles) über die Gabe des Zuhörens.

Er sprach darüber, wie ich gelernt hatte Ihm zuzuhören und diese Gabe auszuüben. Ich war bewegt und überwältigt, als Er seine Wertschätzung für mich ausdrückte. Gott dankte mir, dass ich Ihm zuhörte – ein Erlebnis das meinen persönlichen Gotteshorizont um ein gutes Stück erweiterte.

Gott zuzuhören und auf sein Reden zu warten kann man genauso lernen wie das Fußballspielen, Fahrradfahren oder Kochen. Wir müssen dazu still werden, nicht nur äußerlich, sondern ebenso innerlich. Sprüche 5:1 sagt: *"Mein Sohn, hör mir zu und beherzige, was ich dir als Weisheit und Einsicht weitergebe."*

Um wirklich zuhören zu können müssen wir zuerst lernen unseren inneren Dialog zum Schweigen zu bringen.

Während ich (Charles) lernte, auf Gott zu warten unser Gespräch zu beginnen, wurden mir einige Dinge bewusst:

Zum einen ist Gott viel mehr daran interessiert zu uns zu sprechen, als wir es sind, ihn zu hören. Er spricht zu uns auf unzählige Arten: durch die Bibel, Seine Schöpfung, durch den Rat von anderen, durch die gut hörbare innere Stimme und die leise, kleine innere Stimme und noch durch viele andere Dinge. Wenn Er die Unterhaltung beginnt, offenbart Er Seine Geheimnisse und Weisheit in unsere Herzen.

Zum anderen möchte Gott zu uns auch über Bereiche und Themen sprechen, die wir lieber nicht ansprechen würden. Solche Unterhaltungen waren für mich oft schmerzhaft oder unangenehm, aber als das Resultat wurde mein innerstes Wesen immer mehr in den Charakter Jesu verwandelt.

Vor einigen Jahren meditierte ich über Mat 5,4: *"Glücklich zu preisen sind die, die trauern; denn sie werden getröstet werden."* Gott sprach zu mir und offenbarte mir, dass ich nicht trauern konnte. Er zeigte mir, dass mein Umgang mit Leid darin bestand, es zu leugnen oder es cool zu überspielen, aber dass ich nicht gelernt hatte, auf eine gesunde Art damit umzugehen und zu trauern. Dann fragte er mich ganz direkt: „Charles, warum trauerst du nicht?"

Dieses Gespräch mit Gott leitete eine für mich emotional extrem schmerzhafte Phase ein. Ich hatte die meiste Zeit meines Lebens damit verbracht, meine Sorgen und seelischen Schmerzen zu leugnen und nicht zuzulassen. Gott führte mich zu den Psalmen und lehrte mich, durch sie mit meiner Enttäuschung und meinem Versagen ehrlich umzugehen. Er deckte in mir die Sorge auf, in ein schwarzes Loch zu fallen und niemals wieder herauszukommen, wenn ich meine emotionale Not je eingestehen würde. Bis zu dieser Zeit hatte ich das Verleugnen meiner Nöte wie eine Kunstfertigkeit perfektioniert. Ich hatte überlebt, indem ich jegliche Schmerzen auf Abstand hielt, hatte aber durch dieses

Verhalten auch angefangen mich emotional zu verschließen und unberührbar zu werden.

In dem Buch „Der Zauberer von Oz" von Frank L. Baum ist der Blechmann ein Förster, der unter den Bann einer Hexe geraten ist. Er fängt an, seinen eigenen Körper zu zerlegen, seine eigenen Gliedmaßen mit der Axt abzuhauen und die fehlenden Teile durch Blech zu ersetzen. Am Ende ist nichts Menschliches mehr übrig – er ist zum Blechmann geworden, der sich sehnlichst wünscht, ein echtes Herz zu haben.10

Mein eigenes Leben ähnelte dem des Blechmannes. Weil ich nicht fähig und willens war, meine eigenen Schmerzen anzusehen, fing ich an, meine Emotionen einzufrieren bis dahin, dass wenig Menschlichkeit übrig war. Ich fuhr nach außen fort zu predigen, zu leiten und so zu tun, als ob alles gut wäre, während mein innerer Mensch am Sterben war.

Gott zeigte mir die Abgründe meines Kummers nicht nur, sondern ging dann auch mit mir durch diese Dunkelheit. Ich fing an, meinen Schmerz und Ärger mit Ehrlichkeit auszudrücken, unreligiös, wie einst König David. In diesem Prozess empfing ich auf einmal eine enorme innere Traurigkeit, die ich sonst verbarg. Ich entdeckte bald, dass Jesus nicht sagte: „Selig sind, die trauern, denn Ich will ihren Schmerz fortnehmen", sondern Er versprach, uns zu trösten, inmitten unseres Leides. Mein religiöses Blech wurde in diesem Prozess durch neue Menschlichkeit ersetzt.

DAS KONTEMPLATIVE GEBET ALS RAUM DER INNEREN NEUBEWERTUNG

Im ersten Kapitel der Schöpfungsgeschichte verkündet Gott am Ende jeden Tages, dass sein Tageswerk „gut" war. Er hätte das nicht tun müssen. Und doch war es Ihm wichtig, sich jeden Tag für diese Feststellung Zeit zu nehmen.

Wie viele unserer Tage gehen einfach ineinander über, finden keinen Raum für eine Betrachtung und einen Abschluss. Anstatt eines klaren Bildes verbleiben sie in unserer Erinnerung nur als verschwommene Schatten.

Wir alle haben jeden Tag eine Vielzahl von Erlebnissen, Auseinandersetzungen und Erwartungen, die auf uns treffen. Manche von ihnen sind für unsere Seele gut und stärken uns, andere von ihnen schwächen und schaden uns innerlich. Es ist wichtig zu lernen positive und negative Erfahrungen in der Gegenwart Gottes zu bearbeiten und auf seine Gnade und Einsicht zu warten. Mit Gott können wir erleben, dass Er uns ermöglicht eine Neubewertung des Erlebten zu vollziehen. Innerhalb dieses gemeinsamen Rückblicks werden wir von ihm getröstet und gestärkt um vorwärts zu gehen.

DAS KONTEMPLATIVE GEBET ALS RAUM DER VERWANDLUNG

Im Evangelium liegt echte Kraft, die Kraft, uns von innen heraus zu verändern. Das kontemplative Gebet hilft denen, die Veränderung und Verwandlung suchen diese Kraft zu erfahren.

Hebräer 4,12 erklärt uns:

"Denn eines müssen wir wissen: Gottes Wort ist lebendig und voller Kraft. Das schärfste beidseitig geschliffene Schwert ist nicht so scharf wie dieses Wort, das Seele und Geist und Mark und Bein durchdringt und sich als Richter unserer geheimsten Wünsche und Gedanken erweist. "

Durch das kontemplative Gebet entdecken wir, dass das Wort Gottes wirklich lebendig und wirksam ist. Das Wort Gottes wird eine lebendige und Energie freisetzende Kraft in unserem Leben als Gläubige. Das geisterfüllte Wort hat eigenes Leben und Bestimmung. Es beginnt damit, unsere Verteidigungen und Entschuldigungen, die wir gegen unsere Umgestaltung aufgebaut haben, zu durchdringen. Haltungen, Sünden und Gedankenmuster, die uns gefangen halten, werden enthüllt und durch Zusammenarbeit mit der Kraft Gottes beginnen wir alles, was nicht in der Liebe Christi gegründet ist, auszuräumen.

„Wir beten nicht, um unsere Batterien für die Belange des täglichen Lebens wieder aufzuladen, sondern um durch Gott so umgewandelt zu werden, dass die Mythen und Einbildungen unseres Lebens wie zerbrochene Fesseln von unseren Handgelenken fallen. Dieses Gebet bringt jeglicher Identität, die nicht von Gott kommt, den Tod."11

DAS KONTEMPLATIVE GEBET ALS RAUM FÜR WUNDER UND ÜBERRASCHUNGEN

Epheser 3 spricht von der Breite, Länge, Höhe und Tiefe der Liebe Gottes.

Apostel Paulus geht weiter und erklärt, dass Gott fähig ist mehr zu tun, als wir jemals hoffen oder wünschen können. Das kontemplative Gebet ist ein Weg, die Dimensionen der Liebe zu erforschen, die Gott für uns hat. Was wir voller Überraschung dort finden ist seine Gnade für uns, die in der intimen Begegnung mit Ihm in vollem Glanz sichtbar wird.

Epheser 3,17-19)

Es ist mein Gebet, dass Christus auf Grund des Glaubens in euren Herzen wohnt und dass euer Leben in der Liebe verwurzelt und auf das Fundament der Liebe gegründet ist. Das wird euch dazu befähigen, zusammen mit allen anderen, die zu Gottes heiligem Volk gehören, die Liebe Christi in allen ihren Dimensionen zu erfassen – in ihrer Breite, in ihrer Länge, in ihrer Höhe und in ihrer Tiefe. Ja, ich bete darum, dass ihr seine Liebe versteht, die doch weit über alles Verstehen hinausreicht, und dass ihr auf diese Weise mehr und mehr mit der ganzen Fülle des Lebens erfüllt werdet, das bei Gott zu finden ist.

Das kontemplative Gebet als Raum zum Ruhen

Die frühen Kirchenväter definierten das kontemplative Gebet als Ruhen in der Liebe Gottes. Sie benutzten dafür das Bild eines gestillten Kindes, das einfach im Arm der Mutter ruht.

Für viele Jahre waren meine (Charles) Gebetszeiten durch übermäßige Buße und fortwährende (gebrochene) Versprechen, es zukünftig besser zu machen, gekennzeichnet. Ich tue zwar heute immer noch Buße, wenn Gott mir Verfehlungen zeigt, aber anstatt Ihm Besserung zu geloben, bitte ich Ihn, mich so zu verwandeln, dass ich derartige Dinge, die mir, anderen und seinem Ansehen schaden, nicht mehr tue. Ich lasse das eigene Streben nach Veränderung los und ruhe in Seiner Liebe für mich.

Das kontemplative Gebet beendet die Anstrengung und die Heuchelei. Wir können sein, wer wir sind und nicht, wer wir glauben sein zu müssen. In der Gegenwart Gottes lernen wir, dass Er uns annimmt, wie wir sind. Wir verstehen, dass unsere Sünden, unsere Doppelmoral und unsere Zerbrochenheiten keine Überraschung oder Bedrohung für Gott darstellen.

Mulholland spricht von der Gefahr, dass wir Gott im Gebet wie einen Automaten behandeln. Dabei benutzen wir anstelle einer Münze „die richtige Technik, die korrekte Methode, das perfekte Programm. (….) Oder wir versuchen die Stimmung für den „richtigen" geistlichen Moment zu erzeugen, die „angemessene" Situation, in der Gott uns dann anrühren kann."12 Ein solches Handeln kommt aus der Erwartung, dass Gott dafür da ist, unsere persönlichen Wünsche zu erfüllen.

Über das Gebet wurde mir am Anfang meines Glaubens beigebracht, Zeit und emotionale Kraft zu investieren mit der Erwartung, dass ich belohnt würde. Dies wäre wohl mit dem Vorgang vergleichbar, Geld in einen Automaten zu stecken, um dann eine Ware zu erwarten. In diesem Gedanken bleibt kein Raum für intime Begegnung und Liebesbeziehung. Leben wir so, ist unsere „Stille Zeit" nie lang genug, Schuldgefühle und Aktivismus wechseln sich ab.

Welche Qualität hätten unsere Freundschaften, würden wir uns nur bei unseren Freunden melden, wenn wir ihre Hilfe brauchen? Wie stünde es um unsere Ehen, wären wir tagsüber zu unserem Partner nur freundlich in der Hoffnung, abends mit Intimität belohnt zu werden?

Gesunde Beziehungen funktionieren nicht auf diese Weise. Das kontemplative Gebet bedeutet, zu lernen, in der Liebe Gottes zu ruhen, ohne Resultate zu suchen.

Ich (Kristian) habe wahrscheinlich jede Gebetstechnik ausprobiert, von der ich im Laufe der Jahre gehört habe. Ich war dabei ständig auf der Suche nach dem Modell, was die Ergebnisse des Lebens Jesu liefern würde. Unendlich viele Fragen begleiteten das Thema: Hat Jesus nach jedem Gebet „Amen" gesagt? Warum erhörte ihn der Vater anscheinend immer? Wie viel Gebet erwartet Gott von mir? Und was ist eigentlich Gebet? Geht es um mehr, als geistliche Räume einzunehmen, Menschen in Not zu segnen, Gott anzubeten, Wahrheiten zu deklarieren und Glaubensaussagen zu machen?

Nach vielen Jahren einer echten Gebetssafari machte ein Mentor[II] von mir eine erstaunliche Aussage, als ich einige meiner vielen Fragen aufbrachte: „Gebet ist doch ein Ausdruck deiner Beziehung zu Gott." Der Satz verwirrte mich und öffnete mir gleichzeitig eine Ebene der Gottesbegegnung, nach der ich mich oft gesehnt hatte. Daraufhin definierte ich Gebet für mich folgendermaßen:

II   Ralf Miro, ein toller Ratgeber in stürmischen Zeiten!

Gebet ist, was an Kommunikation und Begegnung zwischen mir und Gott geschieht. Mal dreht es sich um andere, die Welt, Zukünftiges oder Vergangenes, aber die meiste Zeit sind wir einfach nur zusammen und genießen einander.

Genau wie auch in der Liebesbeziehung mit meiner Frau Kimberley geschieht Kommunikation und Begegnung mit Gott auf viele Arten. Dies beinhaltet intensive und intime Zeiten in der Zurückgezogenheit, aber auch ein einfaches Gespräch beim Fahrradfahren oder Staubsaugen. Mein Wirken als Künstler, meine Gesten, Gedanken oder Taten können Teil meines Gebets sein und starken Ausdruck haben. Mein Gebet ist nicht statisch, sondern ein lebendiger Ausdruck meiner Beziehung zu Gott, so wie ich gerade bin.

Einen Sabbat-Rhythmus entwickeln

Lasst uns daher nicht müde werden, das zu tun, was gut und richtig ist. Denn wenn wir nicht aufgeben, werden wir zu der von Gott bestimmten Zeit die Ernte einbringen. (Gal. 6,9)

Viele von uns haben schon festgestellt, wie ermüdend es sein kann Gutes zu tun. Wir bemühen uns zu dienen, wo wir gerade gebraucht werden, laden Jesus fernstehende Menschen in die Beziehung zu ihm ein, kümmern uns um Zerbrochene und Bedürftige. Wir öffnen anderen unsere Wohnungen und Leben. Wir übergehen unsere eigenen Bedürfnisse und Wünsche, um die von anderen zu erfüllen.

Als Dianna und ich vor vielen Jahren auf dem Weg zu einem Treffen waren, hatten wir auf dem Flug freie Sitzplatzwahl. Da wir als erste an Bord kamen, ergatterten wir zwei von den guten Plätzen mit Beinfreiheit. Müde und erschöpft, wie wir waren, machten wir es uns bequem - voller Freude, dass wir unsere Füße ausstrecken konnten. Eine Frau unseres Alters kam an Bord. Sie humpelte an Krücken und schien Schmerzen zu haben. Als sie in unsere Richtung sah, fragte ihr Blick: „ Kann ich euren Platz bekommen?" Dianna und ich sahen sie freundlich, aber mit einem Lächeln an, das Folgendes ausdrückte: „Auf keinen Fall! Wir haben immer unsere guten Plätze abgegeben – unsere Kapazität sich aufzuopfern ist erschöpft!" Sie fand einen anderen Platz in Sichtweite und rieb sich für den Rest des Fluges ihr schmerzendes Bein. Durch unseren unmäßigen Lebensstil waren wir schließlich müde geworden, Gutes zu tun.

Wie können wir also nach dieser Bibelstelle handeln und vermeiden, in völliger Erschöpfung zu enden? Jahrelang fühlte ich mich schuldig, wenn ich „müde" wurde und verneinte mein Bedürfnis, Pausen zu machen und für mich allein zu sein. Ich sagte mir, dass es sicher Menschen gab, die es viel schlechter hatten als ich. Ich dachte an die Märtyrer, die lange vor mir mit ihrem Leben für den Glauben bezahlt hatten und an diejenigen auf der Welt, die auch heute für Christus litten. Ich tat Buße für meine Selbstsucht und hatte im Hinterkopf die Verheißung abgespeichert: „Zur rechten Zeit werde ich gute Frucht ernten, wenn ich nicht aufgebe." Ich verdoppelte dann die Anstrengungen meiner Familie und meiner Gemeinde, den Armen und am Rande Stehenden zu dienen. Inzwischen ist mir klar, dass so eine Einstellung ein guter Weg ist, jung zu sterben.

Allmählich merkte ich, wie ich anfing, die Dinge nur noch abzuarbeiten. Ich tat das Richtige, jedoch ohne Leidenschaft und Überzeugung. Außenstehende sprachen von mir als „treuen Christen". Als Pastor und Gemeindeleiter verbrachte ich Stunden nach dem Gottesdienst oder Mitarbeitertreffen damit, mit Leuten zu reden oder zu beten. Als Ehemann und Vater bemühte ich mich, offen für die Bedürfnisse meiner Frau und meiner Kinder zu sein. Ich tat die richtigen Dinge, die von mir erwartet wurden, aber tief in mir wollte ich nur noch schlafen und davonlaufen. Ich ermahnte mich stets, dass es im Himmel noch genug Zeit geben würde, um auszuruhen. Aus der Ferne sah es so aus, als wenn ich für Gottes Sache brennen würde - für diejenigen, die mir nahe standen, war jedoch deutlich, dass mein Feuer nur noch aus Rauch bestand.

2004 hörte ich Judy Davids, eine Freundin von mir, darüber sprechen, dass wir einen persönlichen Sabbat-Rhythmus für unser Leben entwickeln müssen. Davids ist eine ausgebildete Seelsorgerin und Lehrkraft. Sie war lange Zeit in der Mission tätig und arbeitete schon seit Jahren mit ausgebrannten Pastoren. Sie definierte den Sabbat-Rhythmus als das Bereitstellen von Zeit zum *Innehalten, Beten und Spielen*. Ich nahm mir ihre Lektion zu Herzen und fing an, mein

Leben neu zu ordnen, um Zeit zum Innehalten, Beten und Spielen zu haben. Vieles in diesem Kapitel kommt aus Judy Davids Lehreinheiten.1

Unsere Leben sprudeln über vor Aktivitäten. Bruce Demarest beobachtet:

> „Bei einigen von uns ist das Leben so gerammelt voll, dass Gott unsere Aufmerksamkeit nicht lange genug bekommt, um sich uns bekannt zu machen. Unsere Psyche ist so auf Aktion und Leistung programmiert, dass wir unfähig sind, Gottes Stimme zu hören. Das Störgeräusch in unseren Seelen ist so laut, dass die leise Stimme des Heiligen Geistes übertönt wird. Unser Geschwindigkeitsrausch saugt spirituelles Leben aus uns heraus und hinterlässt uns als hohle Leistungsmaschinen."2

Sehen wir uns dieses Statement von Bruce Demarest mal genauer an. Demarest schreibt, dass unsere Psyche auf *Aktion und Leistung programmiert* ist.

In diesem Zeitgeist leben wir. Viele von uns denken, dass wir Zeit verschwenden, wenn wir gerade nichts Wichtiges oder Sinnvolles tun. Es ist allerdings nicht einfach, für den jeweiligen Moment herauszufinden, ob etwas wirklich wichtig oder sinnvoll ist. In der Folge werden wir, um wirkungsvoller zu sein, Experten im Multitasking und jonglieren möglichst viele Themen gleichzeitig.

Unsere „Business"[1] bedeutet mehr als *immer etwas zu tun*, sie beschreibt unsere Perspektive der Realität und unseren Lebensstil. Diese beständige Geschäftigkeit ist einer unserer stärksten kulturellen Werte. Wir empfinden uns als wertlos, wenn wir nicht beschäftigt und „im Stress" sind. Viele Jesus-

---

I   Engl. andauernde, hektische Geschäftigkeit.

nachfolger denken fälschlicherweise, dass Business ein rein „säkulares" Problem ist. Sie merken nicht, dass in ihrem Alltag lediglich weltliche Aktivitäten gegen christliche Aktivitäten ausgetauscht wurden. „Weltlicher Lärm" wurde einfach mit „christlichem Lärm" ersetzt. Allerdings übertönt auch dieses *Störgeräusch in unseren Seelen* die leise Stimme Gottes. Ein solches Hintergrundrauschen kann beispielsweise aus einer langen Liste mit christlichen Treffen, der religiösen Stimme unseres inneren Kritikers, unvollendeten Gemeindeprojekten, Vergangenem, was wir bereuen oder Sorgen über die Zukunft bestehen. Dies alles sind Dinge, die uns innerlich unter Hochspannung halten – so leben wir oft nur ein Gespräch oder einen Fehler vom inneren „Kurzschluss" entfernt.

Um effektiver zu werden, haben wir gelernt, uns emotional abzuschalten. Dies meint Demerest, wenn er schreibt, dass wir zu *hohlen Leistungsmaschinen* verkommen sind. Je mehr wir unsere Emotionen von uns abtrennen, desto mehr werden wir zu dem Blechmann aus dem „Zauberer von Oz", der sich wünscht, wieder ein Herz zu haben.

So sieht das überfließende Leben, zu dem Christus uns berufen hat, nicht aus!

Der Rhythmus Gottes

Wir wollen nun einige Stellen im Alten und Neuen Testament ansehen, die von einer Art Rhythmus sprechen, zu dem Gott uns im Leben ruft. Wenn wir hier die Idee eines Sabbat-Rhythmus vorstellen, sprechen wir nicht von einem bestimmten Tag und wollen auch nicht über Feinheiten des Mosaischen Gesetzes diskutieren. Wir meinen damit, in unser Leben einen Rhythmus einzubauen, der es uns ermöglicht, nicht müde darin zu werden Gutes zu tun.

1.Mo. 2,2-3

Am siebten Tag hatte Gott sein Werk vollendet und ruhte von aller seiner Arbeit aus. Und Gott segnete den siebten Tag und erklärte ihn zu einem heiligen Tag, der ihm gehört, denn an diesem Tag ruhte Gott, nachdem er sein Schöpfungswerk vollbracht hatte.

Ruhte der allmächtige Gott am siebten Tag, weil Er müde war? Hatte ihn die Aufgabe, so viele Sonnensysteme zu entwerfen und zu bauen, erschöpft? Ich glaube nicht, dass Gott von der Arbeit ruhte, weil er sich beim Erschaffen des Universums übernommen hatte. Er ruhte, um sich an Seiner Schöpfung zu erfreuen. Wenn wir die Schöpfungsgeschichte lesen, merken wir, dass er sich am Ende eines jeden Tages Zeit nahm, sein Tagewerk zu genießen und sich selbst gegenüber (und jedem anderen, der vielleicht zuhörte) festzustellen: „Es ist gut!".

Hier, am Anfang der Bibel, zeigt Gott uns anhand seines Schöpfungwerkes eine Art göttlichen Rhythmus, dem wir folgen sollen. Gott „arbeitet" an sechs Tagen und ruht am siebenten Tag. Das Muster ist: arbeiten, arbeiten, arbeiten, arbeiten, arbeiten, arbeiten - ausruhen. Viele von uns haben folgenden Rhythmus entwickelt: arbeiten, arbeiten, arbeiten, arbeiten, arbeiten, arbeiten, arbeiten, arbeiten - zusammenbrechen!

Auf Grund unserer Unachtsamkeit für den Rhythmus Gottes brechen wir körperlich, psychisch, emotional, sexuell, geistlich und gesellschaftlich zusammen. Wir beschuldigen dann Gott, unsere Umstände oder die Gesellschaft, dass wir uns vom Leben überfordert fühlen, sammeln emsig neue Kräfte in der Hoffnung, die Überforderung zu besiegen und beginnen den Zyklus erneut.

Als Jesusnachfolger sind wir aufgefordert, wie Gott zu leben. Und wie Gott sind wir aufgefordert, von unserer Arbeit auszuruhen.

Gottes Stärke vertrauen

2.Mo. 20,8-11

Halte den Ruhetag in Ehren, den siebten Tag der Woche! Er ist ein heiliger Tag, der dem Herrn gehört. Sechs Tage sollst du arbeiten und alle deine Tätigkeiten verrichten; aber der siebte Tag ist der Ruhetag des Herrn, deines Gottes. An diesem Tag sollst du nicht arbeiten, auch nicht dein Sohn oder deine Tochter, dein Sklave oder deine Sklavin, dein Vieh oder der Fremde, der bei dir lebt. Denn in sechs Tagen hat der Herr Himmel, Erde und Meer mit allem, was lebt, geschaffen. Am siebten Tag aber ruhte er. Deshalb hat er den siebten Tag der Woche gesegnet und zu einem heiligen Tag erklärt, der ihm gehört.

Jeden siebenten Tag sollte das Volk Israel für 24 Stunden von der Arbeit und Geschäftigkeit ruhen. Gott wollte auch nicht, dass die Einwanderer oder Angestellten arbeiteten, um so die entstandene Lücke zu füllen. Die ganze Nation sollte einen Feiertag haben. Wenn Gott nicht einmal wollte, dass die Tiere an diesem Tag arbeiteten, wie viel mehr möchte Er, dass wir uns diesen Ruhetag nehmen

Leonard Doohan schreibt:

„Menschen, die ablehnen, sich am Sabbat auszuruhen oder ein Leben im Sabbat-Rhythmus ablehnen, vertrauen ihrer Stärke mehr als Gottes Gnade.(...) Es geschieht nur während der Sabbatpause, dass wir uns wirklich öffnen können, um zu danken und anzuerkennen, was Gott getan hat."3

Die Gedanken ruhen lassen

3.Mose 16,29-31

> *Am 10. Tag des 7. Monats sollt ihr diesen Feiertag begehen. Die Bestimmungen dafür gelten für alle Zukunft. Ihr müsst euch Bußübungen auferlegen und dürft an diesem Tag keine Arbeit verrichten. Das gilt auch für die Fremden, die bei euch leben. An diesem Tag wird für eure Sünden Sühne geleistet und eure Unreinheit wird von euch genommen; ihr werdet wieder rein vor dem Herrn. Darum ist dieser Tag für euch ein strenger Ruhetag, an dem ihr euch Bußübungen auferlegt. Diese Anordnung gilt für alle Zukunft.*

Für viele von uns ist Arbeit unsere Sucht. Frisst die ständige Geschäftigkeit uns auf, dann geschieht dies vielleicht einfach, weil wir es so wollen. Manch einer braucht seine Aktivität, um sich vor Gott und sich selbst zu verstecken. So lange wir aktiv bleiben, fühlen wir uns wichtig und nützlich, sogar vollmächtig. Ein solcher Lebensstil führt allerdings dazu, dass wir unseren Körper, unsere Beziehungen und unsere Seele schädigen.

Wer mir folgen will, verleugne sich selbst (…). (Mk 8,34)

Wir sind von Jesus nicht nur dazu aufgerufen uns selbst, sondern auch unsere geliebte Arbeit zu verleugnen.

Der Sabbat soll ein Tag echter Ruhe sein. Es reicht nicht aus physisch keine Arbeit zu tun. Wir müssen dahin kommen, die Arbeit auch gedanklich und emotional beiseite zu legen. Der Mensch ist so geschaffen, dass er Ruhepausen braucht. Echte Ruhe kehrt allerdings nur ein, wenn wir auch gedanklich und gefühlsmäßig abschalten. Genau das kann das kontemplative Gebet uns beibringen.

Moderne Hirten

Jeremia 50,6

Wie eine verlorene Herde war mein Volk. Seine Hirten leiteten es in die Irre; sie führten es auf Berge, auf denen es der Verführung erlag, mir den Rücken zu kehren. Von einem Berg zum andern zog es und vergaß darüber seinen Lagerplatz.

Der Prophet Jeremia spricht vom Volk Gottes als verlorene Schafe, die durch falsche Hirten in die Irre geführt wurden. In unseren Tagen irrt das Volk Gottes oftmals immer noch wie verlorene Schafe umher. Unsere falschen Hirten sind Erfolg, Status, Geld, Macht und unsere Business. Diese Hirten treiben uns von einer Aktivität zur nächsten, von Erledigung zu Erledigung. Als Gemeindechristen tauschen wir oft (unter dem Einfluss der falschen Hirten) einfach säkulare Aktivitäten gegen christliche aus. Seien wir ehrlich: auch als Christen sind wir oft vom Streben nach Dingen wie Erfolg oder Ansehen gesteuert. Viele von uns haben dabei vergessen, wie man innehält und ruht – und sind zu hohlen Leistungsmaschinen geworden.

Für wen ist der Sabbat da?

Markus 2,27-28

Und Jesus fügte hinzu: Der Sabbat ist für den Menschen gemacht, nicht der Mensch für den Sabbat. Darum ist der Menschensohn Herr auch über den Sabbat.

Der Sabbat wurde für *uns* geschaffen, weil wir ihn brauchen! Der Sabbat ist Gottes Geschenk an uns. Jesus will nicht nur bestimmen, wie viel und was wir arbeiten, sondern auch wie viel und wann wir ruhen. Er ist unser Gott am Arbeitstag und am Sabbat. Der Lebensrhythmus, für den Gott uns geschaffen hat, besteht aus Arbeit und Ruhe.

Gott ist kein Workaholic und möchte auch nicht, dass wir welche sind. Es war niemals Gottes Plan, dass wir zu hohlen Leistungsmaschinen werden. Einen Sabbat-Rhythmus zu entwickeln, bedeutet, Zeit zum Innehalten, Beten und zum Spielen einzuplanen. Diese drei Elemente wollen wir uns jetzt genauer ansehen.

Innehalten, Beten und Spielen

Innehalten bedeutet sich Zeit zu nehmen, um runterzufahren und auszuruhen.

Willard schreibt:

> "Sabbat meint, in einen Zustand von Abgeschiedenheit und Ruhe hineinzukommen. (...) Der Körper muss, damit dies geschehen kann, von seinen Tendenzen, immer die Kontrolle zu behalten, die Welt zu regieren, etwas zu leisten, zu produzieren und Bestätigung zu erhalten, entwöhnt werden."4

Das Innehalten ermöglicht uns eine innere Standortbestimmung vorzunehmen. Warst du schon einmal in einem großen Einkaufszentrum oder auf einem Wanderweg unterwegs und hast überlegt, wo du dich wohl befindest? Es gibt dort meist Karten, die uns mit einem kleinen roten Punkt unseren Standort zeigen. Oft leben wir unseren Alltag ohne eine klare Idee davon zu haben, wo wir uns innerlich befinden.

Wir schnauzen Menschen an, die wir lieben, und wundern uns dann über uns selber. Wir finden uns verstrickt in Pornografie, Depression oder Essstörungen, ohne eine Ahnung davon zu haben, welche Art von Schmerzen oder

Enttäuschungen diese schädlichen Mechanismen auslösen. Innehalten meint, dass wir anhalten, um den Standort-Punkt auf unserer Lebenskarte zu finden. Innehalten hilft uns runterzuschalten und herauszufinden, wo wir uns psychisch, gefühlsmäßig, körperlich, sozial und geistlich befinden.

Gedanklich zur Ruhe zu kommen, muss gelernt werden.

Meist werden wir von negativen Gedanken und Emotionen überflutet, wenn wir unsere Alltagsaktivitäten runterfahren. Viele von uns liegen nachts vor Sorgen wach oder können nur beim Geräusch des Fernsehers einschlafen. Uns fehlt das Wissen darüber, wie wir innerlich zur Ruhe kommen können. Wir finden uns gefangen darin, dass „inneres Abschalten" nur durch stundenlanges Videospielen, Internetsurfen, exzessives Fernsehschauen oder Alkohol bzw. Drogenkonsum erreicht werden kann. Das Wissen über die Notwendigkeit von Ruhe für Geist und Seele und die Fähigkeit diese einzurichten ist in der westlichen Kultur großflächig verloren gegangen.

Mir (Charles) hat die Übung „Gebet der Sammlung"[II] sehr geholfen, meine geschäftigen Gedanken und überaktive Phantasie zur Ruhe zu bringen. Das Gebet der Sammlung ermöglicht es uns innerlich still zu werden und gleichzeitig vollständig anwesend vor Gott zu sein. Oftmals habe ich, wenn mich in der Nacht Ängste oder Zweifel bestürmen, leise meine Gedanken mit dieser Übung vor Gott gelegt. In der Begegnung mit ihm empfing ich seinen Frieden und konnte dann wie ein Baby, das gewiegt wird, umgeben von Liebe meines himmlischen Vaters, wieder einschlafen.

II   Engl. Centering Prayer.

Emotional zur Ruhe zu kommen, muss gelernt werden.

Manche von uns betrachten ihre Gefühle wie Rechnungen, die sie nicht öffnen möchten. Wir denken, wenn wir sie verstecken und nicht mehr sehen, brauchen wir uns nicht mehr mit ihnen zu beschäftigen. Genauso, wie unsere Rechnungen durch solche Aktionen nicht einfach verschwinden, weicht auch unser emotionales Gepäck nicht einfach von uns. Innehalten ermöglicht uns zu fragen: „Ist mein Sarkasmus in Wirklichkeit getarnter Ärger? Kommt meine Schwermut aus meiner Frustration über den Verlauf meines Lebens? Ist mein zwanghaftes Essen ein Ausdruck meiner Einsamkeit? Wenn ich gegenüber meinen Kindern ausraste, bin ich dann in Wirklichkeit ärgerlich über mich selber, meine Frau oder meine Arbeit?"

Bei einem Konzert, wo ich (Kristian) als Tontechniker arbeitete, schmiss einer der Musiker im Bühnenrausch eines der Mikrofone auf den Boden. Gleich nach dem Konzert ging ich auf ihn zu und stellte ihn relativ rabiat vor die Tatsache, eben ein Mikrofon gekauft zu haben (kaputtmachen = kaufen). Ich trat dabei mit ziemlicher Wucht auf, weil ich einfach sauer war und er antwortete mit der gleichen Energie. Als der Veranstalter dazukam, beruhigte sich die Situation schließlich, indem ein Geldschein und ein Mikrofon den Besitzer wechselten. Tagelang musste ich über den Vorfall nachdenken und war immer noch ärgerlich und zornig auf den armen Vorstadtrocker, obwohl dieser doch seine Schuld „bezahlt" hatte. Schließlich brachte ich die Situation vor Gott und fragte: „Warum bin ich immer noch so zornig auf diesen Typen?" Gottes Antwort kam schnell und schmerzvoll in meine Gedanken: „Du bist nicht zornig auf ihn, sondern auf dich – tief in dir möchtest du solche Jobs nicht machen. Du bist voll Zorn und Undankbarkeit deswegen".

Gottes Ansage kam auf den Punkt (Woher weiß Er diese Dinge nur?). Ich bat Gott um Vergebung, dass ich so undankbar über den von ihm gegebenen Job war, bat ihn den Musiker zu segnen und meinen Zorn in Dankbarkeit zu verwandeln. Der Druck des Zornes war sofort weg.

Gott möchte, dass wir unseren Gefühlen gegenüber aufmerksam sind und sie ehrlich in seiner Gegenwart bearbeiten. Bei vielen von uns steht noch ein Schmerz hinter dem Schmerz, eine Sünde hinter der Sünde, die angegangen werden müssen, wenn wir wirkliche Freiheit erleben wollen.

Als Pastor sah ich (Charles) den einzigen Weg, um langfristig im Gemeindedienst zu bestehen darin, emotional abzuschalten. Mit der Zeit nahm ich inneren Abstand von meiner Gemeinde, meinen Mitarbeitern und meiner Familie. Der Gemeindedienst beinhaltet genügend Aufgaben, um als Leiter für viele Leben beschäftigt zu sein. Christliche Aktivitäten bieten vielen von uns ein geeignetes Versteck, um keine Zeit zu haben, die täglichen emotionalen Wunden ehrlich zu verarbeiten. Dr. Robert Clinton nennt als eine der häufigsten Ursachen, auf Grund derer 70% aller geistlichen Leiter nicht gut enden[III], ihre Unfähigkeit, Heilung ihrer emotionalen und psychischen Verletzungen zu erfahren.5 Zerbrüche, die wir nicht mit Gott aufarbeiten, werden für uns zu Fallgruben der Zukunft.

Das kontemplative Gebet half mir, Gott in meine emotionalen Verletzungen hineinzulassen und Heilung für den Schmerz hinter dem Schmerz zu finden. Durch das mit

---

III   „Gut enden" definiert Clinton so: Die Berufung Gottes für sein Leben in vollem Maße bis zum Lebensende zu leben.

Gott gemeinsame „In-den-Schmerz-Hineinlehnen" wurde ich fähig zu unterscheiden, wann mein Schmerz sündige Wurzeln hatte. Durch Gottes Gnadenangebot konnte ich so Reue, Vergebung und Erlösung erfahren

Körperlich zur Ruhe zu kommen, muss gelernt werden.

Willard bemerkt, dass „der Körper im Zentrum des geistlichen Lebens steht."6 Die Bibel spricht davon, dass die Sünde in unseren Körpern wohnt (Röm. 7,12-20). Das bedeutet, dass unsere Körper daran gewöhnt und darin trainiert sind zu sündigen. Unsere Körper können aber nicht nur an das Sündigen erinnern, sondern auch an das Ausleben von Gerechtigkeit. In den westlichen Nationen ist Business eine der Hauptsünden, die in unseren Körpern wohnt. Wir sind für ständige Aktionen und Geschäftigkeit programmiert. Ich sage nicht, dass Geschäftigkeit generell Sünde bedeutet, aber wenn wir es verlernt haben anzuhalten, ist etwas mit unserer Spiritualität nicht in Ordnung. Um den Lauf gut zu vollenden, wie Gott es für uns vorgesehen hat, müssen wir unsere Körper lehren, still zu werden und zu ruhen.

Willard fährt fort:

> „Wenn wir nicht ausgeruht sind (...) gerät der Körper stark in unseren Fokus. Er verlangt nach vermehrter Aufmerksamkeit und seine Bedürfnisse werden lauter. Dadurch bekommen die sinnlichen und selbstsüchtigen Wünsche größere Macht über uns. Zusätzlich, weil unsere Aufmerksamkeit gefangen ist, wird dieser Prozess – und dies geschieht subtil – und das, was um uns herum geschieht, weniger scharf und entscheidend wahrgenommen (...). Müdigkeit (...) kann aus-

lösen, dass wir uns Erfüllung und Energie aus Essen, Drogen, verschiedenen verbotenen Beziehungen oder aus egoistischen Haltungen suchen, die nach Paulus' Worten „von dieser Welt" sind. Diese mindern unser Vertrauen auf Gott und entfernen uns vom Leben aus seiner Kraft."7

Sünde verschafft uns oft das Gefühl der sofortigen Befriedigung – das ist die Energie, die sie verspricht. Wenn unser Geist und unsere Körper ermüden, sind wir höchst angreifbar, weil wir uns nach dieser Energie sehnen. Sünde versorgt uns in einer Weise mit Kraft, die schließlich unsere Seele zerstört. In der Stille und im Ruhen erfüllt uns Gott mit seiner Kraft. Die Tragödie ist, dass so wenige Christen und Leiter wissen, wie diese Kraft zu finden ist. Das kontemplative Gebet bringt uns in die Lage, eine Stärkung zu empfangen, die nur Gott geben kann.

Jes. 30,15

Der Herr, der heilige Gott Israels, hat zu euch gesagt: „Wenn ihr zu mir umkehrt und stillhaltet, dann werdet ihr gerettet. Wenn ihr gelassen abwartet und mir vertraut, dann seid ihr stark." Aber ihr wollt ja nicht.

Der Sabbat ist vor allem ein Tag der Ruhe und in dieser Ruhe finden wir Gottes Kraft

BETEN

Gebet ist Ausdruck unseres geistlichen Lebens und eines der wichtigsten Dinge, zu denen wir als Jesusnachfolger berufen sind. Normalerweise denken wir beim Thema Gebet an persönliche Anbetung, das Bitten für andere und das Bitten für uns. Wenn wir hier von einem Leben im Sabbat-Rhythmus sprechen, verstehen wir Gebet als eine Begegnung und nicht als bloße Aktivität. Es ist gut Anbetung, Fürbitten und Bitten vor Gott zu bringen, aber wir müssen genauso Zeiten reservieren, in denen wir nicht „arbeiten", sondern einfach in der Liebe Gottes ruhen. So wird unser Gebet zu einer Begegnung. Das Ziel dieses Buches ist es, Gebet als eine intime Begegnung mit Gott, eine Zeit des Ruhens und der Verwandlung zu beschreiben.

Viele meiner (Charles) Freunde praktizieren die von den ersten Christen entwickelte Übung des Stundengebets, um so über den Tag regelmäßig zu ruhen und zu beten. Der Fokus des Stundengebets ist nicht, etwas von Gott zu erhalten, sondern mit Gott Gemeinschaft zu haben und mit Ihm den ganzen Tag im Zwiegespräch zu sein. Es beinhaltet das Lesen und Beten von Schriftstellen und festgelegten Gebeten. Jesus und die Juden seiner Zeit beteten zu festgelegten Zeiten am Tag. Nach Jesu Tod und Auferstehung fuhren seine Anhänger fort, zu festen Tageszeiten zu beten (Apg 3,1; 10,3; 9,30). Diese Praxis hat sich während der letzten 2000 Jahre als wichtiger Ausdruck von Geistlichkeit in vielen christlichen Gruppen gehalten.

Das Entscheidende bei dieser Praxis ist, einen Ort und eine Zeit festzulegen, wo wir lernen, einfach in Gottes Armen zu ruhen und mit Ihm zusammen zu sein. Peter Scazzero bemerkt, dass „Mutter Teresa von Kalkutta von ihren Missionarys of Charity verlangte, täglich drei 1-Stunden-Blöcke für Gebete einzurichten, damit sie ihre Liebe für die Sterbenden bewahren würden."8

Wir sind vermutlich nicht der Intensität von seelischem und körperlichen Leiden ausgesetzt, wie es Mutter Teresa und ihre Missionarys of Charity täglich waren. Wir alle leben aber in einer Welt voller Zerrissenheit und Gewalt. Wir leiden durch verwundete Menschen, die uns teils mit guten und teils mit schlechten Intentionen gegenübertreten. Wir stehen Herausforderungen und Problemen gegenüber, die unsere Problemlösekapazitäten übersteigen. Deswegen müssen wir alle Gebet als einen Ort entdecken, zu dem wir kommen können, um aufgerichtet zu werden. An diesen Ort können wir ohne Agenda kommen, wir müssen einfach bereit sein, Gott zu treffen. Wir sind dazu berufen, in Gott zu ruhen, genauso wie er in uns ruht.

SPIELEN

Es gibt eine Art zu spielen, die unsere Seele erfrischt. Unsere Freizeit und „Spielzeiten" sollten wir energiegeladen und aufgebaut verlassen. Vieles, was wir heute zur Unterhaltung tun, dient allerdings nur dazu abzuschalten.

Jeder von uns muss selbst entdecken, welche Art zu Spielen seine Seele erfrischt. Das kann zum Beispiel Gartenarbeit, am Sonnabend früh aufstehen, um Flohmärkte abzugrasen, Angeln gehen, Sport, Freunde zum Essen einladen, ein gutes Buch lesen, oder einfach ein Spaziergang sein.

Arbeit und Spiel unterscheiden sich nicht unbedingt durch grundsätzlich verschiedene Tätigkeiten, sondern durch unseren jeweiligen inneren Antrieb. Wenn wir beispielsweise etwas zum Erhalt unseres Lebensunterhaltes oder eine Gefälligkeit für jemanden tun, fallen diese Dinge meist in die Kategorie Arbeit. Wenn wir etwas aus Spaß an der Sache tun, dann ist es Spiel. Spielen zu lernen ist allerdings oft nicht so einfach, wie es sich anhört.

Als ich (Charles) jung war, liebte ich es zu zeichnen. Als Kind konnte ich das stundenlang tun. Über die Jahre reduzierte sich mein Zeichnen allerdings auf Kritzeleien, mit denen ich mich aus Langeweile oder während langer und entnervender Telefonate ablenkte. Vor einigen Jahren fing ich wieder an mit Feder und Tinte zu zeichnen. Als ich endlich wieder in Übung war, überkam mich das Bedürfnis, für andere zu malen. Mit anderen Worten, ich hatte den Anspruch, es so gut zu machen, dass die Anderen denken würden, ich sei ein begabter Künstler. Mein Spiel wurde so wieder zur Arbeit. Als ich dies feststellte, besprach ich mein Verhalten mit Gott und wurde durch die Auseinandersetzung mit ihm wieder fähig, für mich selbst zu zeichnen – einfach nur, weil es mir Vergnügen bereitet und meine Seele erfreut.

Eine andere Art zu spielen ist für mich, lange Wanderungen in der Natur zu machen. Ich weiß, dass regelmäßiges Gehen gut für die Gesundheit ist, aber deshalb gehe ich nicht (dieses Ziel würde es wieder zur Arbeit machen). Ich gehe, weil es meine Seele erfrischt und ich tiefe Freude empfinde, wenn ich Gottes Schöpfung in Ruhe betrachten kann. Ich nenne das eine heilige Zeitverschwendung.

Unsere Kultur möchte uns dazu zwingen, einen ertragsorientierten Wert aus allem, was wir tun, zu ziehen. Wir leben unsere Freundschaften und Gemeindezugehörigkeiten in dieser Weise. Unsere Beziehung zur Natur und sogar unser Spielen bewerten wir als sinnvoll, wenn dadurch unsere Arbeitsperformance und Erfolge erweitert werden. Wir fangen mit Tennis als „Spiel" an, um dann nur noch an unserem Aufschlag zu arbeiten.

Spielen im Sinne des Sabbat-Rhythmus soll uns bremsen und uns helfen, das Leben zu genießen und Ruhe zu finden. Wir sollen nicht nur Ruhe für unsere Körper finden, sondern auch für unsere Seelen. Leland Ryken schreibt dazu: „Jede Freizeitaktivität wird zu einer versteckten Arbeit, wenn sie unter Leistungsdruck geschieht."9

Es ist deine Aufgabe zu entdecken, wie du in einer Art und Weise spielen kannst, die jesusmäßig ist und deine Seele erfrischt. Was in meinen Augen Spiel ist, mag für dich Arbeit bedeuten. Mein Freund Brian kocht gern Thai und Indisch. Seine Frau studiert und er hat jetzt viel mit der täglichen Essensvorbereitung für die Familie zu tun. Die täglichen Mahlzeiten bedeuten Arbeit, aber gelegentlich lädt er gute Freunde zum Thai-Essen ein und genießt es, für alle zu kochen. Dann ist es seine Zeit des Spielens. Arbeit bedeutet das zu tun, was du tun musst, spielen bedeutet das zu tun, was du liebst.

Gott benutzte das kontemplative Gebetsmodell, das Examen, um mich wieder mit meiner spielerischen Seite in Verbindung zu bringen. Ich muss gestehen, dass ich sogar eine theologische Begründung für das Spielen entwickeln musste, damit ich ohne Schuldgefühle spielen konnte. Ich hatte eine so stark verdrehte Arbeitsmoral, dass ich es sonst nicht geschafft hätte, das Spielen zu einer Priorität in meinem Leben zu machen. Rykens Buch Redeeming the Time: *A Christian Approach to Work & Leisure* half mir in diesem Bereich eine neue Balance zu finden.

NOCH EINMAL ZUSAMMENGEFASST

Wir sind für unsere Leben selber verantwortlich. Egal ob wir Eltern, Gärtner, Programmierer oder Gemeindeleiter sind - wir sind dafür verantwortlich, zu lernen in und mit unserer Profession gesund zu leben. Mit anderen Worten: Jede Art von Arbeit und Verantwortung hat ihre eigenen

Herausforderungen, Erwartungen und Belastungen. Es liegt an uns herauszufinden, wie wir mit unserer Arbeit leben können ohne auszubrennen. Unsere Verantwortung ist es, uns Auszeiten zu nehmen, in denen wir zur Ruhe kommen. Gott wartet auf uns und möchte uns in der Ruhe und im Gebet treffen. Er möchte uns dort lieben und neue Kraft geben. Wir sind so viel mehr als nur ein Werkzeug in Gottes Hand, wir sind seine geliebten Kinder. Gott schuf die Welt nicht nur so wunderschön, um seine Herrlichkeit zu zeigen, sondern auch, damit wir uns an ihr freuen können.

Unsere Praxis

Wenn wir einen Sabbat-Rhythmus entwickeln, muss dieser unbedingt persönlich auf uns zugeschnitten sein. Dein Rhythmus wird anders sein als meiner. Wir befinden uns in unterschiedlichen Lebensabschnitten. Wir sind unterschiedlich gestrickt.

Ich (Charles) bin beispielsweise introvertiert, meine Frau ist extrovertiert. Unsere Sabbat-Rhythmen sehen verschieden aus. Um sicher zu gehen, dass ich nicht wieder ins Burn-out gerate, habe ich in meinem Leben einen täglichen, wöchentlichen, monatlichen und jährlichen Sabbat-Rhythmus angelegt. Es ist mein ganz persönlicher Rhythmus, ich würde ihn niemals jemand anderem aufdrücken wollen.

Mein täglicher Sabbat-Rhythmus sieht so aus: früh, vor den Kindern aufstehen, eine Tasse Kaffee trinken, einige Zeit im kontemplativen Gebet verbringen, Lesen und auf Gott hören. In dieser Zeit finde ich gewöhnlich (wie bei der Wanderkarte) meinen „Standort". Meist verbringe ich diese Zeit alleine, manchmal mit meiner Frau zusammen (Ich bin morgens fit, sie ist ein Nachtmensch).

Später am Tag, am Mittag oder nach der Arbeit, gehe ich

in einem Park spazieren und zeichne ein wenig in meinem Tagebuch.

Einmal in der Woche besuche ich mit meiner Familie einen Gottesdienst und mache einen ausgedehnten Spaziergang im Park. Zusätzlich verbringen wir einmal in der Woche Zeit als ganze Familie. Unsere erwachsenen Kinder, meine Enkel, unsere Kinder, die noch zuhause wohnen, und meine Frau und ich treffen sich dann zu einer gemeinsamen Mahlzeit. Das ist eine Gelegenheit zum Lachen, sich neu nahezukommen und die Gemeinschaft zu genießen.

Einmal monatlich (aber nicht jeden Monat) versuchen meine Frau und ich die Stadt zu verlassen und zusammen ein langes Wochenende zu verbringen – entweder allein oder mit Freunden.

Einmal im Jahr nehme ich an einer einwöchigen Rückzugszeit für kontemplatives Gebet teil.

Als ich (Kristian) Jesus kennenlernte, reservierte ich intuitiv einen Tag in der Woche, um nur mit ihm zu sein. Meine Sehnsucht nach Gott war so groß, dass ich es als extrem bereichernd empfand, einen ganzen Tag einfach nur mit ihm zu sein.

Ich stellte morgens das Telefon ab und machte die Türklingel aus, um sicher zu gehen, dass niemand uns stören würde. Ich verbrachte abwechselnd Zeit mit Anbetung, Bibellesen, Beten oder einem Spaziergang. Nachmittags traf ich dann manchmal einen Freund zum Beten.

Es gab an diesem Tag weder Fernsehen noch Internet und auch keine Zeitung. In dieser Zeit lernte ich meine Frau Kim kennen. Sie war zwar verwundert über meine Praxis, betonte aber immer wieder wie ausgeglichen und entspannt ich nach meinem Sabbat wirkte. Mir tat dieser Tag mit Gott einfach total gut!

Als Kim und ich heirateten, veränderte sich meine Sabbat Praxis. Wir versuchten den Sabbat zusammen zu erleben und richteten einen Ehetag ein, an dem wir unsere Telefone ausstellten und alles zu dritt machten (wir zwei und Gott). Wir gingen spazieren oder Kaffee trinken, beteten, freuten uns an Gott und aneinander. Dieser Tag zu dritt legte in den frühen Jahren unserer Ehe ein wichtiges Fundament. Ich hatte mir zusätzlich regelmäßiges Bibellesen, das Führen eines geistlichen Tagebuchs und einige geistliche Übungen angewöhnt, die mir halfen, in meinem damals recht kaputten Zustand, auf Kurs zu bleiben.

Dieser schöne Rhythmus wurde dann jedoch mit der fröhlichen Ankunft unseres Sohnes Leif jäh unterbrochen. Wo vorher wunderbare Zeitfenster und Kraftreserven nur darauf warteten, genutzt zu werden, regierten plötzlich Müdigkeit und eine scheinbar endlose *lästige Liste von täglichen Pflichten*[IV]. Das geliebte Bibellesen beim Frühstück wurde mit Babybrei in der einen und Waschlappen in der anderen Hand nahezu unmöglich. Leif liebte unsere täglichen Anbetungszeiten nicht so sehr und mischte sich grundsätzlich lautstark ein – auch hier ließen wir bald nach – es nervte einfach zu sehr, gegen ihn anzusingen. Unser „heiliger" Ehetag, den wir seit vielen Jahren als Basis unserer Beziehung praktizierten, wurde zum Familientag. Es veränderte sich einfach alles: Gottesdienstbesuche glichen meist einem Bewegungsspiel, Zeiten mit Freunden verliefen unvorhersehbar chaotisch, „Ruhezeiten" waren nicht mehr ruhig – nichts war mehr so, wie es mal war. Mir wurde klar, dass ich jetzt Gottes Gnade noch mehr brauchen würde, um einen geistlich geregelten Rhythmus leben zu können. Ich fing an

---

IV   Siehe: Ritter Rost und der Drache.

beim Kinderwagenschieben zu beten, wenn immer möglich eine Predigt per iPod zu hören und betete viel in Sprachen.

In dieser Zeit zeigte mir Gott, welchen großen Wert die Zeiten mit meinem Sohn und unser Familienleben für ihn hatten. Wir gründeten damals gerade eine Gemeinde in Hamburg und es war eine sehr dynamische Zeit. Während der Gründungsphase fragte ich Gott im Gebet, was jetzt die wichtigste Lektion für mich zu lernen sei. Er antwortete: „Sei ein guter Vater und liebe deine Frau." – Hups, ich wusste, es gab eine neue Lektion zu lernen!

Meine Sicht auf den Sabbat veränderte sich in dieser Lebensphase. Durch mein geringes Zeitkontingent hatte sich so ein gewisser Druck eingeschlichen, diesen Tag wirklich Gott zu geben und an ihm *ganz besonders* für Gott da zu sein. In geistlich dynamischen Zeiten verfestigen sich unsere religiösen Haltungen oder fangen an zu zerbröseln – bei mir war letzteres der Fall. Ich schenkte jetzt die Zeit vermehrt Leif und merkte dabei oft, wie Gott zustimmend nickte. Als Leif in die Kita kam, entspannte sich die Situation für uns: Aus dem Familientag wurde ein Ehevormittag, wir hatten mehr Zeit und konnten auch die gemeinsamen Anbetungszeiten wieder aufnehmen.

Heute habe ich begriffen, dass der Sabbat für mich da ist und nicht andersrum. Weil ich anfing ein schlechtes Gewissen zu entwickeln, wenn ich meinen Sabbat nicht einhielt, habe ich jetzt meinen persönlichen Sabbat-Rhythmus anhand von *Zielen* definiert. Ziele lassen mir einen größeren Freiraum und beugen der Gefahr vor, mich dem Rhythmus zu versklaven. Ziele beschreiben für mich was ich möchte, aber nicht um jeden Preis erreichen muss. Mein Rhythmus hat Ziele für mich, Ziele für uns als Familie und Ziele für uns als Ehepaar. Ich versuche diese Ziele einzuhalten, indem ich *Gewohnheiten* entwickle und nicht wie es andere tun durch reine Disziplin.

Meine Sabbat-Ziele lauten wie folgt:

Ich möchte jeden Tag 3 Kapitel Bibel lesen. Die Bibel erinnert mich an Gottes Willen für mich und sein Handeln in der Weltgeschichte. Sie verhilft mir eine gute (und ewige) Perspektive zu bewahren.

Ich möchte mehrmals die Woche in meinem geistlichen Tagebuch schreiben. Hier notiere ich Gebete, Träume, Gedanken und Gottes Reden an mich.

Ich möchte mehrmals die Woche einige geistliche Übungen wie Lectio Divina, das Examen, das Gebet der Sammlung, etc. praktizieren .

Ich möchte 2 x pro Woche mit Gott spazieren oder laufen gehen. Beim Laufen erlebe ich oft intensive Zeiten mit Gott, freue mich an der Energie, die mein Körper freisetzt und der Natur.

Als Familie möchten wir 1 x die Woche zu einem Gottesdienst oder Haustreffen gehen.

Kim und ich möchten jeden Tag wenigstens 5 Minuten zusammen beten.

1 x pro Woche möchten wir uns einen Ehe-Vormittag nehmen, an dem wir unsere Telefone ausstellen, Spazierengehen und Zeit füreinander haben.

1 x pro Monat möchten Kim und ich eine Date-Night haben.

Alle 3 Monate möchten Kim und ich ein Wochenende als Paar verbringen.

Es ist wirklich wichtig, dass jeder sich selber persönliche Sabbatziele steckt, die seiner Lebensphase und seinem Energieniveau entsprechend Sinn machen. Ich habe meine Sabbatziele über Jahre entwickelt und in dem Maß, wie mein Hunger nach Gott zunahm, gesteigert. Meine Ziele sind ein Mix, der für mich und meine Familie in unserer jetzigen Lebensphase Sinn macht, und können nächstes Jahr schon wieder anders aussehen.

Im Kapitel 12 werden wir anschauen, wie wir einen kontemplativen Lebensstil in unsere Alltagsroutine einbauen können.

Wenn wir einen Sabbat-Rhythmus in unser Leben einbauen, versuchen wir unser Leben so zu gestalten, dass wir nicht ausbrennen, unsere Ehen Bestand haben und uns bewusst bleibt, wer wir wirklich sind.

Mat. 11,28-30

Kommt zu mir, ihr alle, die ihr euch plagt und von eurer Last fast erdrückt werdet; ich werde sie euch abnehmen. Nehmt mein Joch auf euch und lernt von mir, denn ich bin gütig und von Herzen demütig. So werdet ihr Ruhe finden für eure Seele. Denn mein Joch drückt nicht, und meine Last ist leicht.

K a p i t e l 8

Das Gebet der Sammlung –
Ruhen in Gott

Bei Gott allein findet meine Seele Ruhe, von ihm kommt meine Hilfe.

(Psalm 62,2)

Beim ersten Hinschauen erscheint uns das Gebet der Sammlung[1] von seiner Technik her wie aus der Esoterik oder den fernöstlichen Religionen zu kommen. Es unterscheidet sich jedoch grundsätzlich von diesen Meditationsformen, bei denen es in erster Linie darum geht, den Verstand von allem Denken zu entleeren. Das Gebet der Sammlung dagegen ermöglicht uns, innere Gedankenmuster zu erkennen und diese allmählich an Gott zu entlassen. Diese Gebetsform dreht sich um das Gewahrwerden, dass Gott selber im Herzen des Christen wohnt. Es geht darum, aufmerksam für seine Gegenwart in uns zu werden. Das Gebet der Sammlung ist außerhalb der katholischen und orthodoxen Kirche nur wenig bekannt geworden.

Diese Gebetsform mag manchen seltsam erscheinen, weil sie so wenige Worte benutzt. Wir informieren Gott nicht über alle unsere Bedürfnisse, Projekte, Ideen, Gemeindeprogramme oder Vorhaben. Wir machen Ihm keine Vorschläge, was Er unserer Meinung nach als nächstes tun sollte. Wir sitzen einfach in der Gegenwart Gottes und geben Ihm unsere ungeteilte Aufmerksamkeit und Liebe.

Weil das Gebet der Sammlung eine Art ist, mit Jesus zusammen zu sein, ohne unsere Gebetsanliegen vor ihn zu bringen, fragen sich manche, ob es überhaupt als echtes Gebet zählt. Außerdem, wenn du nichts Besonderes dabei fühlst oder erlebst, was bringt es dann? (...) Beim Gebet der Sammlung ist es das Ziel, so in

[1]   Engl. Centering Prayer.

Christus zu verweilen, dass die Frucht dieses Verweilens in deinem Leben sichtbar wird. Dieses Gebet mag dir tatsächlich im Moment nichts „bringen". Du spürst keine Verzückung, kein mystisches Glück. Jedoch später, wenn du in der Geschäftigkeit des Alltags bist, bemerkst du, dass sich deine Perspektive verschoben hat. Dein Ruhepol in Christus hält dich fest. Das Gebet der Sammlung vertraut, dass das Zusammensein mit Jesus dich verwandelt.1

Das Gebet der Sammlung hat seinen Ursprung bei den ersten Wüstenvätern. John Cassian (360-430) wurde im Gebiet des heutigen Rumänien geboren und trat von dort eine zwanzigjährige Pilgerschaft durch die Wüsten Ägyptens an, um dort mehr über das kontemplative Gebet zu lernen. Circa im Jahr 415 siedelte er in das damalige Süd-Gallien (heute Frankreich) über und gründete zunächst ein Kloster für Männer und darauf folgend ein zweites für Frauen. Cassian wurde durch die Wüstenväter tief beeinflusst und schrieb in dem Buch *The Conferences* über seine Dialoge mit den Mystikern, die er auf seinen Reisen getroffen hatte.

Was er von den Wüstenvätern gelernt hatte, übernahm er und richtete beim Gebet sein Hauptaugenmerk auf die innere Freiheit der Seele, auf das Gott Zuhören und auf das Bewusstwerden der innewohnenden Gegenwart Gottes. Er ermutigte seine Mönche, ein einfaches Gebet zu wiederholen: „Gott, steh mir bei; Herr, eile mir zur Hilfe".2 Der Zweck dieses Gebets war, den Glaubenden an einen Ort der inneren Ruhe vor Gott zu bringen. Cassian lehrte, dass der Glaubende einen Zustand der inneren Ruhe und Sammlung vor Gott erreichen müsse, damit dieser an seinem Herzen arbeiten könne.

Cassians Umgang mit dem kontemplativen Gebet wurde die geläufige Praxis der westlichen Mönche in den folgenden zehn Jahrhunderten und beeinflusste unter anderem das Leben und Wirken von St. Benedikt[II].

Während der Scholastik[III] im 12.-15. Jahrhundert fingen jedoch Theologen wie Thomas von Aquin an, die Arbeiten von Aristoteles und anderen frühen Denkern wiederzuentdecken. Die kontemplative Spiritualität wurde in der Kirche beiseitegelegt und mit der Zeit als etwas nur für die geistlichen Eliten Bedeutsames angesehen.

Im vierzehnten Jahrhundert schrieb ein unbekannter Autor in England *The Cloud of Unknowing*. Der anonyme Autor drängt darin seinen jugendlichen Jünger weiter zu gehen, als nur über Gott nachzudenken, nämlich einen Ort völliger Ruhe vor Gott aufzusuchen. Das Ganze wirkt wie eine Anleitung zum Gebet der Sammlung.

Hier folgt ein Auszug aus *The Cloud of Unknowing:*

„Richte deine ganze Aufmerksamkeit und deine Wünsche auf Ihn. Lass dies deiner Seele und deines ganzen Herzens einziges Interesse sein. Wenn du dann all dein Verlangen in einem einfachen Wort sammelst, an dass dein Herz sich leicht erinnern kann, wähle eher ein kurzes, als ein langes Wort. (...) Aber wähle eines, das für dich bedeutungsvoll ist. Dann behalte es in deinem Gedächtnis, sodass es, komme was wolle, bestehen bleibt. (...) Sei achtsam dabei und strenge niemals weder Willen noch deine Vorstellungskraft an, sonst wird

---

II   Auch Benedikt von Nursia. Auf ihn geht das benediktinische Mönchtum zurück.
III   In dieser Zeit wurde die wissenschaftliche Denkweise und Methode der Beweisführung, in der lateinischsprachigen Gelehrtenwelt des Mittelalters entwickelt.

es dir wahrlich nicht gelingen. Lass diese Fähigkeiten völlig ruhen. (...)

Es ist das Beste, wenn dieses Wort gänzlich innen ist, ohne einen endgültigen Gedanken oder einen Klang. Lass durch dieses kleine Wort Gott in all seiner Fülle offenbar werden und nichts weniger als die ganze Fülle Gottes offenbaren. Lass nichts außer Gott in deinen Gedanken und deinem Herzen herrschen. Sobald sich ein Mensch Gott in Liebe zuwendet wird er durch seine Schwäche abgelenkt, indem er sich an die Dinge des täglichen Lebens erinnert. Aber ganz gleich. Dies ist nicht schlimm – solch eine Person hat die Gedanken schnell wieder im Griff. (...) Sollten solche Gedanken dich weiter belästigen und dich fragen, was du hier tust, dann antworte ihnen mit nur diesem einen Wort. Sollte dein Verstand beginnen, sich mit dem tieferen Sinn oder den Assoziationen zu diesem Wort zu befassen, erinnere dich, dass der Wert des Wortes in der Schlichtheit liegt. Mach es so und ich versichere dir, dass die dich störenden Gedanken verschwinden."3

Einige der heutigen Autoren, die über das Gebet der Sammlung schreiben, sind Thomas Keating, John Mann, M. Basil Pennington und Cynthia Bourgeault. Jeder dieser Schriftsteller hat dabei seinen eigenen Stil, an das Gebet der Sammlung heranzugehen.

Wir haben die Grundlagen der folgenden Anleitung aus dem Buch von Tony Jones, *The Sacred Way* entnommen und überarbeitet.4

Anleitung zum Gebet der Sammlung

01

Finde einen ruhigen Ort, wo du nicht gestört werden wirst. Drücke Gott gegenüber deinen Wunsch aus, mit Ihm zusammen sein zu wollen. Gib dir einige Momente Zeit anzukommen.

02

Wenn du mit geschlossenen Augen bequem sitzt, entlasse all deine Gedanken, Anspannung und Empfindungen, die du vielleicht fühlst, und beginne in der Liebe Gottes, der in dir wohnt, zu ruhen.

03

Wähle ohne Mühe ein Wort oder einen kurzen Satz. Lass dies ein Symbol für deine Absicht sein, dich Gottes Gegenwart zu überlassen und lass dieses Wort sanft in dir klingen.

Das Wort oder der Satz sollte dir Gottes Liebe vermitteln. Wenn du innerlich ruhig geworden bist, fühle dich frei, das Wort oder den Satz loszulassen.

04

Wenn du ablenkende Gedanken bemerkst oder innere Spannungen auftauchen, nimm das als Anlass, sanft zu dem Wort oder dem Satz zurückzukehren mit dem Ziel, es schließlich wieder loszulassen und in Gottes Gegenwart zu ruhen.

05

Wenn die störenden Gedanken abklingen und du dich wieder ruhig fühlst, lass einfach das Wort oder den Satz erneut los. Bleib in der Stille. Wenn sich wieder Gedanken rühren, geh einfach zu dem Wort oder dem Satz zurück. Benutze dein Wort oder den Satz als einzige Antwort auf Gedanken, Fragen oder Ängste, die in deiner Seele auftauchen.

06

Nimm dir am Ende dieser Gebetszeit ein paar Minuten, um aus der Stille aufzutauchen – sogar, wenn du nicht meinst, dies nötig zu haben. Für viele ist dies die perfekte Zeit, Gott innerlich ihren Dank auszusprechen und für Menschen zu beten, die Gottes Eingreifen brauchen. Auch das Vaterunser langsam zu sprechen ist ein guter Weg, aus der Gebetszeit aufzutauchen.

So eine Zeit kann schnell ohne Anstrengung zwanzig Minuten dauern - aber auch nur fünf Minuten in dieser Weise mit Gott zu verbringen, erneuert deine Perspektive.

Man kann sich gut angewöhnen, morgens und abends in dieser Weise Zeit mit Gott zu verbringen und den Tag so anzufangen und abzuschließen.

Das Ziel des Gebets der Sammlung ist nicht, ein Wort von Gott zu bekommen, eine Art von göttlicher Offenbarung oder ein Erlebnis mit Ihm zu haben.

Mein (Charles) üblicher Satz ist: „Ich empfange deine Liebe". Während des Gebetes nehme ich dann wahr, wie ich die Liebe und den Geist Gottes einatme.[IV]

Diese Gebetsform praktizierte ich (Kristian) häufig in den ersten Jahren meiner Jesusbeziehung, ohne viel darüber zu wissen. Ich litt damals unter starken Depressionen, Sorgen

---

[IV]   Joh 20,22 Und Jesus hauchte sie an und sagte: Empfangt den Heiligen Geist!

und Angstvorstellungen und konnte nachts vor innerer Unruhe oft nicht einschlafen.

Jemand meinte mal zu mir, es gäbe ein Herzensgebet, was Mönche beten – man sollte immer wiederholen: „Jesus Christus, Sohn Gottes, erbarme dich meiner".[V] Wenn ich im Bett lag, betete ich es in Gedanken und legte es ohne darüber nachzudenken auf meinen Atemrhythmus (Einatmen: Jesus Christus, Sohn Gottes! Ausatmen: Erbarme dich meiner!).

Ich erlebte so Gottes Gegenwart, kam innerlich zur Ruhe und konnte einschlafen.

Heute benutze ich diese Gebetsform vor allem, wenn ich mich extrem unruhig fühle und es mir schwerfällt in Gottes Gegenwart zu kommen. Außerdem hilft mir die Übung, Wahrheiten aus dem Wort Gottes anzueignen, mit denen ich Mühe habe.

Als wir durch einen Versorgungsengpass gingen und ich Ängste in mir aufsteigen spürte, las ich das Bibelwort: „Vertraut mir!" Ich schloss die Augen und fing an in meinem Atemrhythmus dieses Wort einige Minuten lang betend zu wiederholen: „Ich vertraue dir". Nach einigen Tagen mit dieser Übung merkte ich erstaunt wie mein Vertrauen neu gestärkt war. Der Same des Wortes Gottes war in mir aufgegangen und hatte Frucht getragen.

Das Gebet der Sammlung hilft uns der Gegenwart Gottes gegenüber aufmerksam zu werden, die in uns wohnt – es hilft uns, in Ihm zu ruhen, wie Er in uns ruht.

V   Dieses Gebet ist auch als Jesusgebet bekannt und seit dem 6. Jhd. belegt. Es ist in der Orthodoxen Kirche weit verbreitet und wohl zurückzuführen auf den Schrei des blinden Bettlers Bartimäus: Jesus, Sohn Davids, erbarme dich meiner (Mk 10,47).

Das Examen – Aufmerksamkeit gegenüber Gott

*Und noch etwas, Geschwister: Richtet eure Gedanken
ganz auf die Dinge, die wahr und achtenswert, gerecht,
rein und unanstößig sind und allgemeine Zustimmung
verdienen; beschäftigt euch mit dem, was vorbildlich ist
und zu Recht gelobt wird.*

(Phil 4,8)

Wenn ich (Charles) mit jemandem eine Beziehung als Spiritual Director eingehe, bitte ich ihn zuerst, dreißig Tage lang das Examen zu machen und seine Erfahrungen aufzuschreiben. Ich mache das, damit mein Gegenüber sich dem Fluss des Handelns Gottes in seinem Leben bewusst wird. Gott spricht zu uns auf Arten, die viele von uns nicht erwarten. Sein Reden zu uns soll eine tägliche Speisung für unsere Seele sein – leider bemerken wir die von Ihm angebotenen Mahlzeiten im Alltagsstress oft nicht.

UNSER SCHLÜSSEL ZUM HÖREN DER STIMME GOTTES IST AUFMERKSAMKEIT.

Aufmerksamkeit ist erlernbar. Wir müssen lernen, aufmerksam gegenüber Gott, unserer Seele, unserem Körper und gegenüber anderen zu sein. Das Examen hilft uns zu lernen, Gottes beständiges Handeln in unseren Leben zu bemerken und seine Perspektive über vergangene Ereignisse zu erfassen. Es ist eine Art Alltags-Nachbesprechung, die uns erlaubt, mit Gott gemeinsam unser Tagesgeschehen zu verarbeiten.

Apostel Paulus war der festen Überzeugung, dass Gott im Leben derer, die Ihn lieben, fortwährend tätig ist, und dass er alle Ereignisse unseres Lebens dazu benutzt, unseren inneren Menschen in Christus zu formen.

Röm 8,28-29

> *Eines aber wissen wir: Alles trägt zum Besten derer bei,
> die Gott lieben; sie sind ja in Übereinstimmung mit seinem
> Plan berufen. Schon vor aller Zeit hat Gott die Entscheidung
> getroffen, dass sie ihm gehören sollen. Darum hat er auch von
> Anfang an vorgesehen, dass ihr ganzes Wesen so umgestaltet
> wird, dass sie seinem Sohn gleich sind. Er ist das Bild, dem
> sie ähnlich werden sollen, denn er soll der Erstgeborene unter
> vielen Brüdern sein.*

Das Examen dient dazu, Gottes Anwesenheit und Aktivität in den positiven und negativen Ereignissen, die uns begegnen, zu entdecken. Diese einfache Gebetsform entstammt den *Spiritual Exercises* des Ignatius von Loyola (1491–1556). Auf diese Art und Weise zu beten beeinflusste sein eigenes Leben derart stark, dass er sich wünschte, jeder seiner Zeitgenossen sollte das Examen erlernen. Im Grunde geht es beim Examen um eine tägliche Überprüfung unserer tiefsten Gefühle und Sehnsüchte. Ignatius kategorisierte diese Gefühle als „Momente des Zuspruchs" – dies sind Dinge, die uns mit Gott, mit anderen und mit uns selbst verbinden – und „Momente der Verwüstung"[VI] – dies sind Dinge, die uns von Gott, anderen und uns selbst trennen. Er glaubte, dass Gott zu uns durch Momente des Zuspruchs und der Verwüstung sprechen möchte.

Einige Kennzeichen der „Momente des Zuspruchs" können Ermutigung, Stärkung, Erfüllung mit Freude, Zufriedenheit, innerer Frieden und Vitalität sein. Es geht um lebensbejahende Momente.

Einige Kennzeichen von „Momenten der Verwüstung"

VI   Engl. „Consolations" und „Desolations".

sind, dass sie uns entmutigt, traurig, voll Furcht, beraubt oder überlastet zurücklassen – es geht um Momente, die uns Leben entziehen.

Das Geniale an dieser Gebetsform ist, dass wir nicht einfach nur eine private Seelenschau mit ungewissem Ausgang machen. Wir bitten Gott um Hilfe, unseren Tag nochmals anzusehen und uns zu zeigen, was uns *Leben verliehen* und was uns *Leben entzogen* hat, um ihn dann zu bitten, uns seine Sicht auf die Momente des Zuspruchs und der Verwüstung zu zeigen. Diese Zusammenarbeit kann zu echter und tiefgreifender Verwandlung unserer Wahrnehmung führen.

(Ps 139,1-3)

> *Herr, du hast mich erforscht und kennst mich ganz genau. Wenn ich mich setze oder aufstehe – du weißt es; meine Absichten erkennst du schon im Voraus. Ob ich gehe oder liege, du siehst es, mit all meinen Wegen bist du vertraut.*

Wenn Gott zu dir über Momente des Zuspruchs und der Verwüstung spricht, so bitte um weitere Einsicht. Bitte Gott, dir zu erklären, warum das Ereignis für dich einen Zuspruch oder eine Verwüstung bedeutet. Bitte Ihn, in die Momente von Zuspruch oder Verwüstung zu sprechen und dir Seine Einsicht und Weisheit zu geben. Diese Bitte kann dich in einen längeren Prozess der inneren Heilung führen, der weitere Arbeit erfordert. Wenn du in diesem Prozess mit Gott über deine Momente der Verwüstung sprichst, bitte Ihn um Seine heilende Gegenwart und Seinen Trost. Erwarte Seine liebevolle Begegnung und Seine eventuelle Weisung zu weiteren Schritten.

Ich (Charles) probierte dieses Gebet zum ersten Mal an einem Abend aus, nachdem ich mit meiner Frau von einem großen Leitertreffen heimkam. Das Treffen endete am späten Morgen mit einer fantastischen Anbetungszeit und anschließendem Abendmahl. Wir checkten aus dem Hotel aus und fuhren zum Flughafen. Zu unserem Erstaunen trafen wir dort einen sehr bekannten, geistlichen Leiter mit seiner Frau. Wir nahmen mit ihnen ein schnelles Mittagessen am Flughafen ein, gingen dann an Bord und flogen nach Hause.

An diesem Abend bat ich Gott, mir meine „Zusprüche" zu zeigen. Ich bat Gott mir zu helfen, meinen Tag noch einmal anzuschauen und mir zu offenbaren, wo Er seine Gnade ausgeschüttet hatte und ich am meisten mit Lebensenergie erfüllt worden war. Ich war ziemlich sicher, dass dies das Treffen am Flughafen mit dem anderen Paar oder möglicherweise das Anbetungserlebnis an diesem Morgen gewesen sein musste. Zu meiner Überraschung erinnerte mich Gott daran, wie Dianna auf dem Rückflug liebevoll ihre Hand auf meinen Arm gelegt hatte. Ich wurde an das Gefühl der Liebe und Zuneigung erinnert, als sie so meinen Arm hielt. Um ehrlich zu sein, ich hatte das Ereignis kurz danach schon vergessen. Als ich aber Gott bat, mir zu zeigen, wo Er mir heute begegnet war, zeigte Er mir genau diesen Moment. Dies war Sein Zuspruch, Sein größter Ausdruck Seiner Gnade und Liebe an diesem Tag für mich gewesen.

Schockiert und überrascht darüber, wie wenig ich mir Gottes Eingreifen in meinem Leben bewusst war, lag ich in meinem Bett. Ich konnte es nicht fassen, dass mir ohne Seine Offenbarung gar nicht bewusst geworden wäre, auf welche Weise mir Gott Seine Liebe und Gnade heute geschenkt hatte. Als ich Gott fragte, warum Sein Zuspruch gerade durch diesen Moment zu mir gekommen war, begann Er darüber zu sprechen, welch ein großes Geschenk meine Frau für mich sei. Dann mahnte Er mich ernstlich Dianna mehr Anerkennung, Verständnis und Fürsorge entgegen zu bringen.

Wenn wir das Examen für eine längere Zeit machen, werden wir Muster von Momenten des Zuspruchs und der Verwüstung erkennen. Diese Muster können ein Zeichen dafür sein, dass Gott unsere Aufmerksamkeit auf einen bestimmten Bereich unseres Lebens lenken möchte. Vielleicht möchte Gott dadurch auch Seinen Willen oder Seine Führung in einer Sache zeigen. Ich (Charles) versuche, mindestens einmal im Jahr das Examen für dreißig Tage am Stück zu machen. Als ich dies zum ersten Mal über so einen langen Zeitraum tat, entdeckte ich, dass jeder lange Spaziergang im Park solch einen „Moment des Zuspruchs" für mich beinhaltete. Dies war wieder sehr überraschend für mich, denn immer, wenn ich mir die Zeit nahm, alleine spazieren zu gehen, hatte ich mit Schuldgefühlen zu kämpfen. Ich kämpfte mit dem Gedanken, Zeit zu verschwenden und dass ich eigentlich etwas Produktiveres machen sollte. Was mich also einerseits mit Leben erfüllte, verursachte auf der anderen Seite Stress in mir. Um es anders auszudrücken: Was Gott mir schenkte, um mich mit Leben zu erfüllen, glaubte ich mir selbst nicht gönnen zu dürfen. Nach einigem Gebet und Nachsinnen in dieser Sache, entschied ich mich, Spazierengehen zu einem zentralen Teil meines geistlichen Lebens zu machen. Wenn Gott meinen Geist auf diese Weise füllen wollte, wäre es dumm, meinen täglichen Zeitplan nicht Seinen Vorstellungen anzupassen.

Gott möchte auch durch unsere „Momente der Verwüstung" zu uns sprechen. Tatsächlich habe ich festgestellt, wie sich ein Weg echter innerer Veränderung für mich auftat, als ich lernte mich „in meinen Schmerz hinein zu lehnen", anstatt ihn wegzudrücken. Gott hat einiges zu unserem

Schmerz, unseren sündigen Handlungen und kaputten Motiven zu sagen. Hinter unseren Zornausbrüchen stehen oft Gefühle, wie z.b. die Empfindung unfair behandelt worden zu sein. Hinter unserem ungezügelten Essen mögen tiefe Gefühle von Einsamkeit stehen. Hinter unserem Lästern die Not, selber Anerkennung zu finden.

Als ich (Charles) Gott bat, zu mir über verborgene Motive und sündige Taten zu reden, stellte ich fest, dass hinter einer Sünde oft eine andere Sünde stand. Kann ich diese Sündenkette erkennen und vor Gott bringen, erlebe ich nicht nur Seine Vergebung, sondern auch Wiederherstellung.

Es ist nicht verwunderlich, dass unsere Momente der Verwüstung oft mit Menschen in unserer nächsten Nähe zu tun haben, z.b. unseren Ehepartnern, unseren Kinder, Freunden oder Arbeitskollegen. Dies ist kein Anzeichen dafür, dass wir uns aus diesen Beziehungen abseilen sollten. Vielmehr können wir Gott darum bitten, uns zu zeigen, was genau in dieser Beziehung zur Verwüstung in uns führt.

Was macht mich an dieser Beziehung so ärgerlich, so frustriert oder verursacht in mir Hoffnungslosigkeit? Manchmal wird Gott mit uns über einen Teil von uns selber sprechen, der sich verändern muss; ein anderes Mal möchte Er uns einfach trösten und befähigen die Situation auszuhalten. Das Entscheidende beim Anschauen unserer Verwüstungen ist Gott zu bitten, uns dort zu begegnen und dann an diesem Ort in seiner Liebe zu ruhen.

Während eines Workshops über das kontemplative Gebet fragte mich eine junge Frau, ob es das Ziel wäre schließlich keine „Momente der Verwüstung" mehr zu erleben. Ich versicherte ihr, dass dies auf dieser Seite des Himmels nicht passieren würde. Unser Primärziel als Jesusnachfolger ist nicht, ein schmerzfreies Leben zu haben. In Momenten der Verwüstung ist unser Ziel mit Gott Gemeinschaft zu finden und uns von ihm in Christus verwandeln zu lassen.

Gott offenbarte mir durch das Examen, wie viele Wege er benutzen wollte, um mich mit Liebe und Gnade zu stärken. Er gebrauchte es, um mir zu zeigen, wie ich durchs Spielen meine Seele erfrischen kann. Durch die Verarbeitung meiner „Zusprüche" und „Verwüstungen" lehrte er mich, schwierige zwischenmenschliche Beziehungen gesünder zu leben. In der täglichen Auswertung mit Gott habe ich den Mut gefunden, eine neue Richtung für mein Leben einzuschlagen und konnte meine Midlife-Crisis überwinden. Für jene, die mit ihren Leben gegen die Wand gefahren sind oder durch eine schwierige Übergangszeit in der Lebensmitte gehen, bietet das Examen ein sehr wertvolles Gebetsmodell. Durch eine Lebensübergangszeit zu gehen, saugt einen großen Teil unserer emotionalen und mentalen Energie aus uns heraus. Aber Gott hat Verständnis und neue Kraft für uns während der dunklen Nacht in unserer Seele – das Examen hilft uns dabei dieses zu ergreifen.

Ich (Kristian) bete meist in dieser Weise vor dem Einschlafen, wenn ich schon im Bett liege. Es hilft mir, dem Tag einen guten Abschluss zu geben und Gott meine Dankbarkeit noch mal gezielt auszudrücken. Schlafe ich dabei ein, ist es auch gut - betend einschlafen ist das beste Einschlafen!

Für mich ist es meist erstaunlich, welche Momente Gott mir als Zusprüche und Verwüstungen zeigt. Die stärksten Zusprüche geschehen oft in kurzen Begegnungen mit meinem Sohn oder in der Natur: beim Beobachten einer Wolke, der Sonnenreflexion auf einer Seeoberfläche oder der langsamen Bewegung eines Baumes im Wind. Durch das Examen lernte ich, dass zwischenmenschliche Berührung und Zeit in der Natur für mich extrem aufbauend sind und suche diese nun gezielt.

In meinen Verwüstungen musste ich feststellen, dass meine negativen Empfindungen meist durch inneren Stress und ungeklärte innere Anklagen gegen Gott oder mich selber ausgelöst wurden. Im Gespräch mit Gott über meine Verwüstungen verlieren „diese Monster ihre Zähne" - dies geschieht, wenn ich Seine Perspektive und den Hintergrund meiner Reaktion erkenne.[VII]

ANLEITUNG ZUM EXAMEN

Das Anschauen der Momente des Zuspruchs und der Verwüstung geschieht jeweils in drei Schritten. Der erste Schritt ist die Bitte an Gott, uns beim Finden unserer inneren Zusprüche oder Verwüstungen zu helfen. Im zweiten Teil schauen wir die Emotionen noch einmal an und erlauben uns, sie noch einmal zu *erfahren*. Der dritte Teil wird *die Einsicht* genannt – wir bitten Gott, zu uns über den Grund für die Freude oder die Schmerzen zu sprechen, die die Momente des Zuspruchs oder der Verwüstung mit sich gebracht haben.

Suche Dir für die Praxis eine Ort, an dem du dich entspannen kannst und werde ruhig. Halte dir Gottes Liebe und sein Engagement in deinem Leben vor Augen.

Momente des Zuspruchs
01

Bitte Gott, dir den Moment des Tages zu zeigen, für den du am dankbarsten bist, der dir Kraft gegeben hat, der dich am meisten mit Energie und Leben erfüllt hat.

VII   Wie schon das Märchen Rumpelstilzchen der Brüder Grimm uns aufzeigt, beginnt unser Sieg über ein Problems oft damit, dass wir es benennen können.

Manchmal hilft es, zu dem Moment des Aufwachens zurückzugehen und dann innerlich vorwärts durch den Tag zu spulen. Wenn dir mehr als ein Moment des Zuspruchs einfällt, wähle einen aus und konzentriere dich auf diesen.

02

Wenn du diesen Moment gefunden hast, geh wieder hinein und erlebe noch einmal die Freude dieses Augenblicks. (Erinnere dich, am Ende eines jeden Schöpfungstages sagte sich Gott: *Es war gut.*) Danke Gott für den Zuspruch, den du erhalten hast. Erlaube dir, dich neu zu erfreuen, indem du dich in den belebenden Moment, den du erlebt hast, zurückbegibst.

03

Bitte Gott, dir zu zeigen, was dich diesen Moment so besonders erleben ließ, was dich an ihm belebte. Was wurde gesagt und getan, das diesen Moment so lebensspendend machte? Sei still und warte auf Seine Antwort. Falls du ein geistliches Tagebuch führst, kannst du vielleicht deinen Dialog mit Gott aufschreiben. Falls Er in diesem Moment nichts sagt, ruhe einfach in Seiner Liebe für dich.

Momente der Verwüstung
01

Bitte Gott, dich an den heutigen Moment zu erinnern, für den du am wenigsten dankbar bist, an dem du Traurigkeit, Scham, Versagen oder Ärger empfunden hast. Dies war ein Moment der dir Lebenskraft, Energie, Freude, etc. entzogen hat.

02

Wenn du diesen Moment gefunden hast, gehe in ihn zurück und werde wieder gewahr, was du gefühlt hast, ohne zu versuchen den Moment selber zu verändern oder zu korrigieren. Lehn dich wieder in deinen Schmerz hinein. Es ist wichtig, dass du mit deinen schmerzhaften Emotionen ehrlich bist.Vielen von uns wurde beigebracht, Schmerz als unwichtig darzustellen oder ihn kleiner zu machen als er wirklich empfunden wurde. Dies wird uns auf die Zeit gesehen nicht helfen; es ist viel wichtiger ehrlich gegenüber dir selbst und Gott zu sein. Wenn ich diese Übung aufschreibe, schildere ich, was ich wirklich fühle, z.B. „Das hat mich so ärgerlich gemacht und ich fühle mich wirklich gedemütigt."

03

Frage Gott, was es mit diesem Augenblick auf sich hat, der dich so ärgerlich, traurig, hilflos, beschämt gemacht hat. Höre zu, was Er zu sagen hat. Schreibe deine Einsichten und Gespräche mit Gott auf, um die Schätze zu bewahren.

Bitte Gott, dich zu trösten und dich mit Seiner Liebe zu erfüllen und sitz für einige Momente still.

Dankbarkeit

Es ist wichtig die Übung mit Dankbarkeit abzuschließen. Danke Gott für die Dinge, die du während des
Tages erlebt hast. Danke Gott für Seine Anwesenheit
in dir, in deinen Momenten des Zuspruchs und der
Verwüstung.

Dieses Gebetsmodell kann allein oder mit anderen zusammen praktiziert werden. Ich weiß, dass viele Eltern dieses
Gebet mit ihren Kindern beten, wenn diese zu Bett gehen.
Schon in jungen Jahren werden die Kinder so gelehrt, mit
Lebensereignissen jesusmäßig umzugehen. Beim Gebet mit
jüngeren Kindern können die Eltern Gott bitten zu zeigen,
was sie glücklich oder traurig gemacht hat.

In dieser Art und Weise zu beten, ermöglicht uns in
Zukunft bessere Entscheidungen zu treffen und Verhaltensmuster in unserem Leben zu entdecken. Um diese Entde-
ckungen zu bewahren, ist es so wichtig, unsere Einsichten in
einem geistlichen Tagebuch festzuhalten.

Ich (Charles) habe dieses Gebetsmodell in den letzten
Jahren tausenden von Menschen gelehrt. Immer wieder ist
es toll zu sehen, wie verwundert Menschen sind, wenn Gott
ihnen ihre Zusprüche und Verwüstungen offenbart, sie erklärt und mit Seiner Liebe erfüllt. In den meisten Fällen
herrscht auch Erstaunen darüber, welche „nichtreligiösen"
Wege Gott benutzt, um uns mit seiner Gnade zu kräftigen.
Gott liebt uns und ist in unseren Leben höchst aktiv. Er hat
die Kraft und die Weisheit, sogar das schmerzlichste in eine
positiv verwandelnde Erfahrung zu umzuwandeln.

Röm 8,28-29

Eines aber wissen wir: Alles trägt zum Besten derer bei, die Gott lieben; sie sind ja in Übereinstimmung mit seinem Plan berufen. Schon vor aller Zeit hat Gott die Entscheidung getroffen, dass sie ihm gehören sollen. Darum hat er auch von Anfang an vorgesehen, dass ihr ganzes Wesen so umgestaltet wird, dass sie seinem Sohn gleich sind. Er ist das Bild, dem sie ähnlich werden sollen, denn er soll der Erstgeborene unter vielen Brüdern sein.

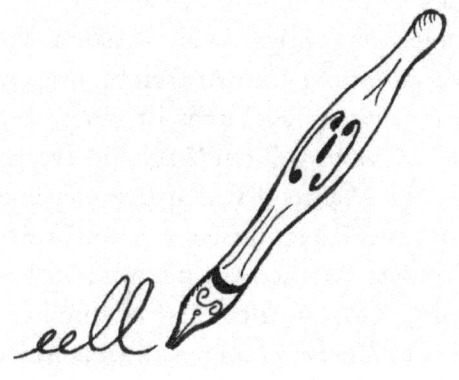

Kapitel 10

Geistliches Tagebuch schreiben – Ein Raum für Gebet und Verwandlung

Ihr müsst nämlich wissen, Geschwister, dass das, was wir in der Provinz Asien durchmachten, so überaus schwer auf uns lastete und unsere Kräfte so sehr überstieg, dass wir schließlich nicht einmal mehr damit rechneten, mit dem Leben davonzukommen. Wir kamen uns vor, als wäre das Todesurteil über uns gesprochen worden. Aber das alles geschah, damit wir nicht auf uns selbst vertrauten, sondern auf Gott, der die Toten zu neuem Leben erweckt. (2. Kor 1,8-9)

Es gibt viele Gründe, ein Tagebuch zu führen wie beispielsweise Stressabbau, Persönlichkeitsentwicklung oder Verarbeitung und Aufzeichnung von Erlebnissen. Das Führen eines Tagebuchs ist einer der einfachsten und zugleich wirkungsvollsten Wege, unsere Beziehung zu Gott zu vertiefen. Während wir unsere Gedanken und Gebete vom Kopf aufs Papier bringen, erlangen wir Einsichten, die wir auf andere Art niemals bekommen hätten. Als ich (Charles) anfing, Gott in mein Tagebuchschreiben einzuladen, war eine der Überraschungen, die ich erlebte, dass mein Schreiben zu einem *Raum der Verwandlung* in Jesus wurde. Adele Calhoun schreibt:

> „In einer konsumorientierten Gesellschaft ist es einfach, Erlebnisse anzuhäufen im Glauben, je mehr, desto besser! Jedoch bringen Erfahrungen nicht unbedingt Weisheit hervor, noch verändern sie uns automatisch. Wir müssen in der Gegenwart des Heiligen Geistes über unsere Erlebnisse nachsinnen, um aus ihnen zu lernen. Tagebuchschreiben können wir nutzen, um unserem Leben diese Aufmerksamkeit zu geben."[5]

Meine persönliche Vorgehensweise beim Schreiben im geistlichen Tagebuch beinhaltet Elemente von Lectio Divina, dem Gebet der Sammlung und dem Examen.

Dies schaut folgendermaßen aus:

01

Ich schreibe alle meine Einträge (auch die negativen) so ehrlich wie möglich auf. Ich nenne das: „mich in den Schmerz hineinlehnen". Das Schreiben hilft mir dabei, meine Enttäuschungen zuzugeben, sie nicht zu ignorieren oder klein zu machen. Ich versuche, mir gegenüber so ehrlich wie möglich zu sein. Früher hätte ich meine emotionalen Schmerzen weggeschoben und Erleichterung in Business gesucht oder ich hätte mich dem Kühlschrank und danach dem Fernseher zugewendet. Oft schämte ich mich meiner negativen Gefühle, versteckte sie und belog mich selber. Ehrlichkeit muss in einer Welt, die von Lüge und Verschleierung geprägt ist, oft erst (neu) erlernt werden – ich habe es gelernt, innere Schmerzen in der Gegenwart Gottes zu benennen und mich so in diese „hineinzulehnen".

Bezüglich dieser *ungeliebten* Anteile von uns, die wir lieber ignorieren würden, schreibt David Benner:

> „Um dich wirklich verstehen zu können, musst du dich annehmen. Sogar die Dinge über dich, die du zutiefst ablehnst, müssen zuerst in ihrem Dasein anerkannt – sogar umarmt werden. Der Umwandlung deines Selbst geht immer die Selbst-Erkenntnis voraus. Und das Selbst, das du akzeptieren musst, ist das Selbst, das du jetzt gerade bist und wirklich bist. Dies muss geschehen, *bevor* du versuchst, Veränderungen an dir voran zu treiben!

> Jegliche Hoffnung, dass du dich selbst annehmen kannst, ohne die Dinge zu akzeptieren, von denen du wünschst, sie wären nicht da, ist eine Illusion. Die Wirklichkeit muss umarmt werden, bevor sie verändert werden kann. Unser Wissen über uns selbst wird oberflächlich bleiben, bis wir uns selbst so annehmen, wie Gott uns annimmt – vollständig und bedingungslos, gerade so, wie wir jetzt sind."6

02

Als nächstes forme ich meine Aussagen in ein Gebet und schreibe sie auf. Ich teile Gott meinen Schmerz mit und bitte Ihn um sein Reden, seine Gnade und seinen Trost. Sich in den Schmerz zu lehnen und ihn *nicht* Gott zu bringen, wird nur zu noch mehr Verzweiflung führen. Es ist absolut entscheidend, unseren Schmerz im Gebet Gott abzugeben. Danach lehne ich mich mit einem erwartenden Herzen in Gottes Nähe hinein und warte auf Ihn.

03

Wenn ich mich ihm so anvertraue, nehme ich manchmal Seine Liebe, Gnade und Weisheit spürbar wahr. Ich warte auf Seine Impulse und schreibe meine innere Unterhaltung mit Gott auf. Dann lehne ich mich wieder in Ihn, jetzt mit einem dankbaren Herzen und in Seiner Versorgung ruhend. Mein Wunsch ist es, dass die von mir aufgeschriebenen Erlebnisse, Gefühle und Gedanken in den Händen Gottes dazu gebraucht werden, mich Christus ähnlicher zu machen.

Meistens höre oder fühle ich jedoch keine Berührung von Gott in dieser Zeit. In diesem Fall ruhe ich nach dem Aufschreiben einfach in Seiner Liebe im Vertrauen, dass Er mich gehört hat. Ich vertraue, dass Er mir zu seiner Zeit helfen und mich mit Weisheit erfüllen wird.

Vor einigen Monaten wurde ich durch eine Mail informiert, dass ich nicht wieder zu einer Missionsschule eingeladen werden würde, an der ich vorher gelehrt hatte. Leider kam die Information nicht von der verantwortlichen Person für den Bereich, sondern erreichte mich unter der Hand. Obwohl ich mit den meisten Studenten gut klar kam, war ich für die Verwaltung der Schule „zu charismatisch" aufgetreten. Ich fühlte mich verletzt und war ziemlich ärgerlich. Einige Tage trug ich das mit mir herum, bis ich mich schließlich niedersetzte, um mein Erlebnis aufzuschreiben. Ich ging durch die einzelnen Schritte, aber das einzige, was ich bei Schritt drei empfand, war die Verwunderung, dass ich immer noch so stark Bestätigung von Menschen suchte. Mein Selbstbild war davon abhängig, ob andere Leiter mich bestätigten oder nicht. Um ehrlich zu sein war das nicht gerade das, was ich jetzt von Gott hören wollte. Diese Einsicht brachte mir in diesem Augenblick wirklich wenig Trost. Dennoch legte ich meine Zerbrochenheit vor Gott und bat Ihn um Gnade zur Veränderung. Einige Monate später, als ich mitten im Alltagstrubel war, hörte ich Gott zu mir über dieses Erlebnis sprechen. Er sagte: *Du und diese Missionsschule – ihr passt einfach nicht zusammen!* Als ich das so von Ihm hörte, bekam ich Frieden über die ganze Situation und konnte sie abschließen.

Das beschriebene Muster habe ich sowohl in Psalm 3, in der Geschichte von Jesus im Garten Gethsemane und im Leben des Paulus wieder gefunden.

Davids Psalm

In den Psalmen wird das Wort *Sela* gebraucht um anzuzeigen, dass der Leser anhalten, ruhen und nachsinnen soll.

„Das Ruhig-Werden und Nachsinnen über Gott wird in den Psalmen und im Buch Habakuk mit dem Wort *Sela* bestärkt, welches dort 74-mal vorkommt. Oft wird *Sela* nur als eine musikalische Anmerkung gesehen. Die meisten Ausleger stimmen jedoch darin überein, dass *Sela* an Stellen eingefügt wurde, an denen die Sänger oder der Psalm-Leser pausieren sollten, damit die Zuhörer nachsinnen konnten."7

Viele Psalmen nehme ich als Eintragungen eines geistlichen Tagebuchs wahr, in dem König David sein Leben
verarbeitete. Ich vermute, dass die beschriebenen Situationen echte Herausforderungen waren, durch die sich David
kämpfen musste – später wurden die Psalmen Teil der Anbe-
tungsliturgie Israels und ihr persönlicher Tagebuchcharakter
ging dadurch verloren. Der 3. Psalm entstand aus Davids
Erfahrung von Ablehnung und Verrat durch seinen eigenen
Sohn Absalom. Dieser hatte ein Heer von tausenden von
Soldaten aufgestellt und zog durch das Haupttor Jerusalems
ein, während David durch das hintere Tor flüchtete. Davids
Frauen wurden öffentlich vergewaltigt und das Volk fing
an davon zu sprechen, dass Gott sich von David abgewandt
hätte.

Ich unterteile im Folgenden den Psalm in drei Abschnitte und kommentiere diese.

Ps 3,2-3

*Herr, wie zahlreich sind doch meine Feinde! So viele
lehnen sich auf und verfolgen mich! Sie behaupten: Gott wird
ihn nicht retten. Sela*

In diesen ersten zwei Versen drückt David aus, dass viele
Menschen gegen ihn aufgestanden sind und anfangen, ihn
zu verspotten. Nachdem David aus Jerusalem geflohen ist,
hat er sich in Höhlen versteckt, während Absaloms Armee
nach ihm gesucht hat. Anstatt die Situation einfach in sich
hinein zu fressen, drückt David sein Dilemma Gott gegenüber aus. Darauf folgt Sela - pausieren und nachsinnen.

Dem gleichen Muster folgend schreibe ich meinen eigenen Kummer und meine Kämpfe auf. Beim Schreiben drücke ich die Gefühle, z.B. Verlegenheit, Scham, Ärger, Lust usw. aus, die ich gerade empfinde. Ich versuche, so spezifisch wie möglich zu sein z.B.: „Was … über mich gesagt hat, hat mich wirklich verletzt; Als ich heute bei … versagte, fühlte ich mich extrem einsam". Wenn ich merke, dass ich meine Empfindungen treffend dargestellt habe, lehne ich mich in der Gegenwart Gottes in diese hinein. Danach gehe ich zum nächsten Teil des Gebets.

Ps 3,4-5

Du aber, Herr, bist der Schild, der mich schützt, meine Ehre bist du allein. Du selbst richtest mich immer wieder auf. Mit lauter Stimme will ich zum Herrn rufen, er wird mir antworten von seinem heiligen Berg. Sela

Im Vers 4 erinnert David sich selbst daran, wer Gott ist und ruft ihn dann um Hilfe an. Wieder folgt diesem Tagebucheintrag eine Zeit des Ruhens und Reflektierens. Diesem Muster folgend wandle ich meinen Schmerz in ein Gebet. Während des Schreibens drücke ich aus, was ich fühle und bitte Gott, mir in meinem inneren Aufruhr zu begegnen. Danach lege ich meinen Stift beiseite und ruhe in Seiner Gegenwart. Oft gehe ich zum Gebet der Sammlung über, während ich auf Gott warte.

Ps 3,6-9

Ich konnte mich hinlegen und ruhig schlafen; wohlbehalten bin ich wieder aufgewacht, denn der Herr ist mein Schutz. Ich fürchte mich nicht vor einem Heer von Zehn-

tausenden, auch wenn sie mich schon ringsum eingeschlossen haben. Nun steh doch auf, Herr! Rette mich, mein Gott! Bisher hast du noch allen meinen Feinden ins Gesicht geschlagen, ja, diesen Rechtsbrechern hast du die Zähne ausgebrochen! Hilfe und Rettung kommt allein vom Herrn! Dein Segen, Herr, komme über dein Volk! Sela

Etwas wirklich Erstaunliches passiert zwischen den Versen 5 und 6. Ich bin sicher, dass das Sich-Verstecken in einer Höhle, während tausende von Soldaten einen suchen, extrem stressig sein muss. Die natürliche körperliche Reaktion auf diesen Stress wäre Angst, Sorge und Schlaflosigkeit. David jedoch reagiert anders: *„Ich konnte mich hinlegen und ruhig schlafen (...). Ich fürchte mich nicht (...). Hilfe und Rettung kommt allein vom Herrn!"* Nach alledem bittet David Gott, sein Volk zu segnen. Ich glaube, er empfing die Gnade für diese Sicht in den Sela-Momenten. Sela bedeutet lange genug zu ruhen, um zu empfangen was Gott für uns hat.

Zum Empfangen merkt Thomas Keating an:

> „Empfangen ist eine der schwierigsten Arten von Aktivität, die es gibt.

> Gott zu empfangen ist das Hauptziel des kontemplativen Gebetes."8

Der Fehler bei vielen von uns ist, dass wir versuchen, im Glauben und Vertrauen auf unsere eigene Kraft vorwärts zu gehen, anstatt auf Gottes befähigende Gnade zu warten. Nachdem David Gott bat sein Volk zu segnen, endet er seinen Psalm mit *Sela*. David nimmt sich so wieder Raum zum Ruhen und Nachsinnen über Gottes Handeln und gibt gleichzeitig Gott Raum ihm zu begegnen.

Das vorliegende Muster sieht also so aus:

1.) Drücke dein Problem aus, lass eine schmerzvolle Pause folgen.

2.) Wandle dein Problem und deinen Schmerz in ein Gebet um, lass eine vertrauensvolle Pause folgen.

3.) Empfange die Versorgung Gottes, die Er für dich in diesem Moment hat und dann lass eine Pause folgen, in der du mit einem dankbaren Herzen in Seiner Liebe verweilst.

Jesu Gebet

Wir finden im Gebet Jesu, das er im Garten Gethsemane kurz vor seinem Tod betet, ein ähnliches Muster.

In der ersten Phase des Gebetes drückt Jesus in brutaler Ehrlichkeit seine ganze Verzweiflung vor seinem himmlischen Vater und seinen engsten Freunden aus.

Mat 26,37-38

Petrus jedoch und die beiden Söhne des Zebedäus nahm er mit. Traurigkeit und Angst wollten ihn überwältigen, und er sagte zu ihnen: Meine Seele ist zu Tode betrübt. Bleibt hier und wacht mit mir!

In der zweiten Phase tritt Jesus mit Gott in einen Dialog bezüglich des Willens seines Vaters für ihn. Auf diese Weise betet Er dreimal.

Mat 26, 39-44

Er selbst ging noch ein paar Schritte weiter, warf sich zu Boden, mit dem Gesicht zur Erde, und betete: Mein Vater, wenn es möglich ist, lass diesen bitteren Kelch an mir vorübergehen! Aber nicht wie ich will, sondern wie du willst.

Als er zu den Jüngern zurückkam, schliefen sie. Da sagte er zu Petrus: Ihr konntet also nicht einmal eine einzige Stunde mit mir wach bleiben?

Wacht und betet, damit ihr nicht in Versuchung geratet! Der Geist ist willig, aber die menschliche Natur ist schwach.

Jesus ging ein zweites Mal weg und betete: Mein Vater, wenn es nicht anders sein kann und ich diesen Kelch trinken muss, dann soll dein Wille geschehen.

Als er zurückkam, waren sie wieder eingeschlafen; sie konnten die Augen vor Müdigkeit nicht offen halten. Er ließ sie schlafen, ging wieder weg und betete ein drittes Mal dasselbe Gebet.

Eine dritte Phase finden wir im Lukas-Evangelium beschrieben:

Luk 22,41-43

Hierauf trennte er sich von ihnen. Etwa einen Steinwurf weit entfernt kniete er nieder und betete: Vater, wenn du willst, lass diesen bitteren Kelch an mir vorübergehen. Aber nicht mein Wille soll geschehen, sondern deiner. Da erschien ihm ein Engel vom Himmel und stärkte ihn.

Mitten in Kampf Jesu sendet der Vater einen Engel, der ihn stärkt. Ihm wird dabei die Gnade und Kraft gegeben vorwärts zu gehen und Gottes Willen für sich zu umarmen.

Im Verlauf des Gebetes stechen drei Dinge heraus: Die Ehrlichkeit Jesu gegenüber seinem Vater und seinen Freunden, sein wiederholtes Bitten bis eine Antwort (in Form eines Engels) kommt sowie die resultierende Bevollmächtigung durch die Stärkung seines Vaters.

Paulus

Auch der Apostel Paulus beschreibt seine Kämpfe mit großer Ehrlichkeit.

Im 2. Korintherbrief berichtet er über die Anfeindungen, denen er und seine Gefährten ausgesetzt waren. Er geht sogar so weit zu sagen, dass er dachte dabei sterben zu müssen.

2.Kor 1,8-11

Ihr müsst nämlich wissen, Geschwister, dass das, was wir in der Provinz Asien durchmachten, so überaus schwer auf uns lastete und unsere Kräfte so sehr überstieg, dass wir schließlich nicht einmal mehr damit rechneten, mit dem Leben davonzukommen. Wir kamen uns vor, als wäre das Todesurteil über uns gesprochen worden. Aber das alles geschah, damit wir nicht auf uns selbst vertrauten, sondern auf Gott, der die Toten zu neuem Leben erweckt. Er hat uns vor dem sicheren Tod gerettet und wird uns auch weiterhin retten. Ja, wir haben unsere Hoffnung auf ihn gesetzt und sind überzeugt, dass er uns auch in Zukunft retten wird. Auch ihr könnt dabei mithelfen, indem ihr für uns betet. Wenn viele das tun, werden dann auch viele Gott für die Gnade danken, die er uns erfahren lässt.

In einer Reflexion des Erlebten stellt er klar, dass er in diesen Erfahrungen nicht nur Befreiung erfuhr, sondern echte Verwandlung, indem er tiefer lernte, nicht auf sich selbst, sondern auf Gott zu vertrauen.

> *(...) Aber das alles geschah, damit wir nicht auf uns selbst vertrauten, sondern auf Gott, der die Toten zu neuem Leben erweckt.*

Es folgt die zuversichtliche Aussage, dass Gott ihn auch weiterhin erretten wird und eine Ermutigung an die Gemeinde, dass ihre Gebete entscheidend zu seiner Rettung beigetragen haben.

Er hat uns vor dem sicheren Tod gerettet und wird uns auch weiterhin retten. Auch ihr könnt dabei mithelfen, indem ihr für uns betet. Wenn viele das tun, werden dann auch viele Gott für die Gnade danken, die er uns erfahren lässt.

Wir wissen von Jesus oder Paulus nicht, ob sie ihre Kämpfe in einem geistlichen Tagebuch verarbeiteten, aber was wir finden, ist eine emotionale Aufrichtigkeit, die - verbunden mit Gebet - nicht nur ihre Bedürfnisse ausdrückt, sondern auch als Kanal für Gottes Gnade und Versorgung diente.

ZUSAMMENFASSUNG

Ein geistliches Tagebuch zu führen offenbart uns, wo wir im Verständnis darüber, wer wir sind und wer Gott ist, stehen. Im Rückblick gelesen wirken unsere Kommentare und Aussagen in besonderer Weise auf uns. Es wird uns möglich, eine *Beobachterperspektive* in unserem eigenen Leben einzunehmen.

Dies hilft uns, im Alltagstreiben nicht die Übersicht zu verlieren, uns an vergangene Emotionen, Gedanken, Ereignisse zu erinnern und ihre Auswirkungen auf uns zu beurteilen.

Wir können feststellen, wie sich unser Gottesbild, während wir Ihn mehr kennenlernen, entwickelt – in gleichem Maße sehen wir die positive Entwicklung unseres Selbstbildes. Durch das Hören, Aufzeichnen und Wiederentdecken der Worte Gottes an uns findet die Wahrheit über sein Wesen und seine Sicht auf uns einen Weg in tiefere Schichten unsere Herzens.

Was die Form angeht, gibt es keinen „richtigen" Weg das Tagebuch zu führen. Das Tagebuch ist für dich da und nicht umgekehrt. Du musst nicht täglich und auch nicht jede Woche schreiben. Finde einen Rhythmus, der deinen Bedürfnissen, deinem Lebensstil und deiner Persönlichkeit entspricht.

Mach dir keine Gedanken über Rechtschreibung oder Grammatik. Das Schreiben ist der Weg, deine Beziehung mit Gott voranzutreiben und nicht deine Rechtschreibung zu verbessern. Es ist wichtiger, ein ehrlicher als ein guter Schreiber zu sein. Charles und ich benutzen beide unsere Tagebücher auch für Zeichnungen – sie sind Teil unseres Schreibprozesses. Finde heraus, was zu dir passt!

Es ist eine gute Sache, am Ende eines Jahres eine Tagebuch-Ernte zu machen.9 Das bedeutet einfach, dass du dir Zeit nimmst und nachsiehst, was du geschrieben hast und dann mit Gott über die vergangene „Reise" nachdenkst.

Judy Davids, die mich (Charles) dieses Konzept zuerst lehrte, stellte einmal durch die Ernte fest, dass sie am Ende des Jahres noch mit den gleichen Problemen kämpfte wie am Jahresanfang. Dies war ein echter Weckruf für sie nach Hilfe zu suchen.

Für mich (Kristian) gibt es wohl kein Werkzeug, was mich in den vergangenen Jahren mehr positiv geprägt hat, als das Führen eines geistlichen Tagebuchs. Es ermöglicht mir, mich durch Krisen hindurch zu schreiben, meine Gedanken zusammenzuhalten, wenn sie davonfliegen wollen und Gottes Worte an mich in einer Schatztruhe zu sammeln. Als ich mit dem Tagebuch schreiben anfing, begann ich Gottes Reden zu mir und sein Handeln an mir besser zu verstehen und einzuordnen. Ich merkte, dass meine Aufzeichnungen oft Wochen oder monatelang um ähnliche Themen kreisten und sah darin, wie Gott an bestimmten Bereichen in meinem Leben tätig war.

Ich probierte anfangs verschiedene Arten zu schreiben aus: in Stichworten, ganzen Sätzen, Bildern und Diagrammen, teils jeden Tag, teils seltener, unterwegs oder zu Hause.

Inzwischen bin ich bei einer Mischung aus all dem hängengeblieben: Ich schreibe am liebsten regelmäßig täglich am Vormittag. Dabei mische ich Stichworte, Zeichnungen, Sätze und sogar Sprachen, wenn dies mir hilft auszudrücken, was ich sagen möchte.

Ich schwanke beim Schreiben - je nach Bedürfnis - zwischen einer Form der Lectio Divina, Briefe von Gott[VIII],

---

VIII   Briefe von Gott geht so: Ich öffne meine Tagebuch, werde ruhig und sage: „Papa, was willst du heute zu mir sagen?" Nach einigen Momenten höre ich meist innerlich den Satzanfang: "Mein geliebter Sohn,...." Ich schreibe ihn auf und schreibe dann einfach weiter alle Gedanken und Aussagen, die mir kommen. Während ich schreibe, bewerte ich nicht, sondern lasse alle Impulse fließen. Beim Lesen danach bin ich oft total verwundert, mit welcher Liebe und Barmherzigkeit der Vater mir schreibt. Er redet so viel besser von mir, als ich es je tun würde – dadurch kann ich immer sicher sein, dass er gesprochen hat und nicht meine Fantasie im Spiel war. Technisch wird dieser Vorgang einfach dadurch möglich, dass der Heilige Geist ja in mir lebt – erlaube ich ihm, meine Hände beim Schreiben zu führen, kann er mir

Gebeten oder einer Mischung aus diesen. Manchmal notiere ich auch Predigtideen oder Bibelkommentare. Alles wird möglichst mit Datum und teilweise auch mit Ortsangabe versehen – das hilft mir in der Rückschau mich an die genaue Situation zu erinnern.

Mir ist es absolut wichtig, mein Tagebuch immer dabei zu haben – mit immer meine ich: so oft es geht – immer! Wenn mir unterwegs, im Bus oder bei einem Freund ein Gedanke oder Eindruck kommt, hole ich es hervor und schreibe – nur so bleibe ich bei der Gewohnheit und es geht nichts, was Gott zu mir spricht, verloren.

Um das Buch immer dabei haben zu können, muss man ein Format aussuchen, was eben gut in den Rucksack oder in die Handtasche passt, nicht gleich abnutzt und das Schreiben bei einer holprigen Busfahrt erlaubt[IX]. Ich suche dazu jedes Jahr ein Buch in einer Farbe oder einem Muster aus, von dem ich empfinde, dass es zu den kommenden zwölf Monaten passt.[X]

Zum Thema Grammatik sage ich immer: Im Himmel und in meinem Tagebuch gibt es keine Rechtschreibung. Ich will mich beim Schreiben nicht damit aufhalten – der Inhalt ist das einzige was zählt. Wenn ich Dinge mit Worten nicht gut ausdrücken kann, fange ich an zu zeichnen – auch diese Bilder sind nicht von Schönheit geprägt, sondern sollen mir als Erinnerungshilfe oder Gebetsausdruck dienen.

Ich habe mir, um eine Übersicht zwischen Tagebucheintragungen und direktem Reden Gottes (inneren Eindrücken, Ermutigungen von Anderen, Träume) halten zu

---

schreiben. Klingt das komisch? Einfach ausprobieren – mit etwas Übung ist es viel einfacher, als man zunächst denkt.

IX   Ich finde, Din-A4, Hardcover macht den Job am besten.

X   Prophetisches Einkaufen – sollte jede(r) einmal ausprobiert haben!

können angewöhnt, das Buch von vorne und hinten zu beschreiben. Tagebuch schreibe ich dabei, indem ich das Buch einfach normal halte und von vorne schreibe – will ich einen Traum oder Eindruck notieren, drehe ich das Buch einmal kopfüber und fange von hinten an zu schreiben. Meine Eindrücke oder Träume schaue ich regelmäßig an und kann sie so leicht finden.

Jeden Dezember mache ich eine Ernte. Dazu brauche ich ca. 8h. Ich lese das gesamte Tagebuch durch und schreibe die wichtigsten Sätze in meinen Laptop heraus. Dazu notiere und zähle ich noch Aussagen, die sich oft wiederholt haben. Am Ende habe ich so ein ganzes Jahr auf 4-6 Seiten zusammengefasst, auf die ich, egal wo ich bin, Zugriff habe. Ich erlebe bei der Ernte erstaunliche Zusammenhänge und sehe z.B. wie Gott ein ganzes Jahr ein oder zwei Themen betont hat oder Gebete und Wünsche im Stillen erhört wurden.

Ende 2010 stellte ich in der Ernte fest, dass Gott mich über 40-mal zu Vertrauen und Furchtlosigkeit aufgefordert hatte (das ist fast einmal die Woche – ich glaube, ich hab's gebraucht!). Als ich in das Jahr 2011 ging, durfte ich feststellen, dass ein echter Durchbruch in diesem Bereich stattgefunden hatte – Sein beständiges Reden zu mir und mein Aufnehmen Seiner Worte hatten Frucht gebracht!

An schlechten Tagen schaue ich oft mein Tagebuch durch und ermutige mich durch Gottes Zusagen, prophetische Worte, Träume oder Ideen. Manche Sätze sprechen mich dann so an, dass ich kaum glauben kann, dass *ich* sie geschrieben habe – vermutlich hat Gott in diesen Fällen heimlich diktiert!

Mit Gott spazieren gehen – die erste Bibel lesen

*Und Gott sah alles an, was er geschaffen hatte, und sah:
Es war alles sehr gut. (1.Mo 1,31)*

*Am Abend, als es kühler wurde, hörten sie, wie Gott, der
Herr, durch den Garten ging. (1.Mo 3,8)*

Viele Formen des kontemplativen Gebets haben auf die eine oder andere Art mit dem Meditieren von Bibelworten zu tun. Beim Nachsinnen über Gottes *erste Bibel* – Seine Schöpfung - finden wir eine weitere, großartige Möglichkeit Ihm zu begegnen. Seine Schöpfung ist genau so ein Ausdruck seiner Liebe und seines Charakters wie das geschriebene Wort.

Als ich (Charles) mich einen Monat in einem Benediktiner Kloster in Pecos, New Mexico aufhielt, erklärte mir Bruder John Davies, wie ich Spaziergänge als Gebetsmeditation nutzen könnte. Ich hatte immer schon genossen spazieren zu gehen, doch niemals daran gedacht, dass dies eine weitere Form des Gebetes sein könnte.

Die Bibel ist angefüllt mit Aufforderungen, gegenüber Gottes Schöpfung aufmerksam zu sein und zuzuhören, was Er uns durch die Natur sagen möchte.

Ps 19,1-4

Der Himmel verkündet es: Gott ist groß! Das Heer der Sterne bezeugt seine Schöpfermacht. Ein Tag sagt es dem andern, jede Nacht ruft es der nächsten zu. Kein Wort wird gesprochen, kein Laut ist zu hören und doch geht ihr Ruf weit über die Erde bis hin zu ihren äußersten Grenzen.

Mat 6,26-28

(Jesus sagte:) Seht euch die Vögel an! (...). Seht die Lilien auf dem Feld an und lernt von ihnen!

Im Kloster wurden wir gelehrt, beim Spazierengehen langsam und aufmerksam zu gehen. Wir sollten dabei unse-

sieren. Ich bete im Rhythmus meines Atems oder meiner Schritte. Ich bete etwas wie: *„Ich empfange deine Liebe"*, gehe innerlich durch den Psalm 23 oder das Vaterunser. Manchmal denke ich auch über Gottes Reden in meiner letzten Lectio Divina Übung nach und lege diese Gedanken dann in ein kurzes Gebet. Bringe ich meine Gedanken in dieser Weise zur Ruhe, ist es viel leichter, still mit Gott spazieren zu gehen. Ich nehme dann achtsam auf, was ich sehe, höre, berühre oder rieche und antworte mit einem dankbaren Herzen. Es gibt Zeiten, in denen Gott dann in mein Herz hinein spricht, aber meistens gehen wir einfach aufmerksam-schweigend miteinander.

„Vieles von der Heiligkeit Gottes ist in den einfachen, täglichen Momenten unseres Lebens verborgen. Um etwas von seiner Heiligkeit im Täglichen zu sehen, müssen wir unser Lebenstempo drosseln, um so in stärkerer Wahrnehmung leben zu können."10

Ich beginne meine Sinne weit zu öffnen und fange an zu sehen, zu hören, zu fühlen, zu riechen, wie Gott es tut. Dabei muss ich oft lächeln, weil ich wahrnehme, wie ich Anteil an Seiner Freude über die Schöpfung nehme. In diesem Augenblick ist mir ganz klar, dass die Schönheit der Schöpfung Gottes Geschenk an mich ist. Er schuf die Welt so schön, um mir Seine Herrlichkeit zu zeigen und mich zu erfreuen. Zu übersehen, was Gott für mich geschaffen hat, weil ich zu gestresst oder selbstzentriert bin, bedeutet, das kindliche Staunen zu verlieren, das echte christliche Spiritualität ausmacht.

Luk 24,31-32

> *Da wurden ihnen die Augen geöffnet, und sie erkannten ihn. Doch im selben Augenblick verschwand er; sie sahen ihn nicht mehr. War uns nicht zumute, als würde ein Feuer in unserem Herzen brennen, während er unterwegs mit uns sprach und uns das Verständnis für die Schrift öffnete?, sagten sie zueinander.*

Genauso wie Gott uns seine Schrift *öffnet*, damit wir Ihn erkennen, öffnet er uns mit derselben Intension auch Seine Schöpfung, Seine erste Bibel.

Als ich (Kristian) mit Charles unterwegs zu einer Veranstaltung war, auf der wir über den missionalen Lebensstil sprechen sollten, erlebten wir zusammen einen der von Charles oben beschriebenen Momente, in dem Gott in Seiner Schöpfung plötzlich offenbar wird.

Der Herbst brach gerade an und wir gingen an einem Grundstück mit Apfelbäumen vorüber, deren Bäume letzte Früchte trugen. Die Blätter hatten schon angefangen sich zu verfärben, in der Luft hing der Geruch von reifen Früchten und feuchter Gartenerde. Ich machte Charles auf die Schönheit eines bestimmten Baumes aufmerksam und wir blieben stehen. Ohne Vorwarnung öffnete sich auf einmal um diesen Baum eine Dimension, die schwer zu beschreiben ist. Seine Gestalt, sein Geruch und die Farben verstärkten sich - der Baum schien auf einmal wie von einem Künstler genau für diesen einen Moment optimal in Szene gesetzt zu sein. Die Blätter schimmerten im Licht und wiegten sich sanft im Hauch des Windes. Mir wurde auf einmal das Wunder deutlich, wie dieser Baum Jahr für Jahr durch einen Prozess von Geburt, Wachstum, Frucht und Tod ging - und wie dieser

Zyklus perfekt von Gott inszeniert war, um uns zu ernähren und zu erfreuen. Wir standen einige Minuten regungslos in Ehrfurcht über die Weisheit Gottes und in Seine Gegenwart gehüllt. Irgendwann sagte Charles: „Der Baum ist wunderschön." Ich konnte nicht einmal antworten – die Offenbarung der Schönheit seiner Schöpfung hatte mich stumm gemacht. Als wir weitergingen, blickten wir uns zwinkernd an – wir hatten Gott bei einem Seiner Spaziergänge getroffen.

Schon als Kind habe ich Zeiten in der Natur besonders genossen. Es ist nicht so, dass ich dort übernachten will und körperliche Herausforderung oder Abenteuer suche, sondern eher diese gewisse Ruhe und Stimmung, die ein Waldbesuch oder eine einsame Landschaft mit sich bringen. Ich konnte dieses Gefühl nie einordnen und empfand mein Verlangen, im Grünen zu sein, als etwas Kindisches. Erst in den letzten Jahren fing ich an zu verstehen, wie sehr Gott Sein Wesen in der Schöpfung geoffenbart hat und das sie ein offener Brief Seiner Liebe an uns Menschen ist. Sie ist, wie Charles schreibt, wirklich Seine erste Bibel. Paulus spricht auch über diese Dynamik in Römerbrief:

Röm 1,20

Seit der Erschaffung der Welt sind seine Werke ein sichtbarer Hinweis auf ihn, den unsichtbaren Gott, auf seine ewige Macht und sein göttliches Wesen.

Wenn ich einen Spaziergang mit Gott beginne, starte ich oft mit einer kurzen Zeit der Fürbitte, um die mich begleitenden Gedanken zu entlassen und von meinen Bedürfnissen weg zu schauen. Dann schließe ich die Augen, bleibe stehen und versuche zu erspüren, welches Tempo ich (und

Er) eigentlich gehen möchten[XIII]. Ich gehe ein paar Meter ganz langsam und versuche dabei jede Bewegung gründlich zu erleben. Wie fühlt sich mein Fuß beim Auftreten an? Auf was für Boden gehe ich? Wie ist meine Körperhaltung? Diese Fragen stelle ich mir, um mir bewusst zu werden, wer ich jetzt bin und was ich empfinde. Dann öffne ich mich für meine Umgebung, nehme Gerüche, Temperatur, Geräusche verstärkt war und danke Gott für diese Empfindungen. Ich öffne die Augen und sehe einen besonderen Baum, einen großen Stein, ein Kind...und fange an Gott dafür zu danken. Manchmal spüre ich dabei Seine Nähe aufkommen und freue mich daran. Manchmal fängt Er an, über einen Baum, eine Farbe, eine Blume oder sonstiges zu mir zu sprechen. Er benutzt sie als Gleichnis für Seine Anliegen oder spricht einfach über ihren Zweck in der Schöpfung[XIV]. Dieser Dialog kommt meist durch innere Gedanken zustande.

Als ich einmal mit Gott in einer Berglandschaft saß, wurde ich des Rauschens gewahr, das der Wind in den Blättern einiger nahestehender Birken verursachte. Das Geräusch schien irgendwie System zu haben. Mal kam es von dem einen Baum, dann von einem anderen, dann von vielen. Das Rauschen der verschiedenen Bäume unterschied sich und klang einzeln und zusammen wunderbar. Plötzlich wurde mir klar: Die Schöpfung betete ihn an! Das Zusammenspiel des Windes und der Blätter geschah als sein privates

---

XIII   Schnell gehen kann man nur alleine!

XIV   Neulich betrachteten mein Sohn Leif und ich einen Maiskolben mit besonders vielen Haaren. Als Leif fragte, wozu die Haare da sind, legte ich ihm nahe, am besten den Hersteller zu fragen. Nach kurzer Pause sagte Leif: „Gott sagt, die Haare sind da, damit er lustiger aussieht." Meine späteren Internetrecherchen ergaben, dass einerseits die Haare bei der Befruchtung helfen, aber andererseits auch viele Menschen aus Maiskolben mit Haaren lustige Dinge basteln - vermutlich erschafft Gott vieles zur vielfältigen Anwendung!

Anbetungskonzert – niemand konnte es hören außer Ihm und mir. Wie viele von solchen Konzerten wurden wohl in diesem Moment rund um den Erdball gespielt und nur von Gott und einigen wenigen wahrgenommen. Wieder war es die Schönheit des Moments, die mir die Sprache verschlug – mich erfüllte ein Gefühl von Ehrfurcht und Ehre, dass ich diesen Moment mit ihm teilen durfte.

Es gibt auch Zeiten, in denen ich Gott beim Gehen nicht so extrem wahrnehme. Ich danke dann einfach für die Dinge Seiner Schöpfung, die mich umgeben und freue mich an ihnen.

Es kostet mich oft Überwindung, mir Zeit für einen solchen Spaziergang zu nehmen (man könnte die Zeit doch so viel effektiver nutzen!). Teilweise fühle ich sogar so etwas wie Scham, wenn ich in einem der Hamburger Parks zusammen mit Gott im Schneckentempo meine Runden ziehe und dabei Blumen und Blätter eingehend betrachte,. Ich schaue wie sich die Baumkronen gegen den Himmel abzeichnen oder starre auf die Spiegelungen der Sonne im See. Was denken die Leute jetzt von mir, wenn ich einfach so dastehe? Vermutlich: Noch so ein Kiffer, der ins Nichts starrt! Doch wo sie nichts sehen, sehe ich Seine Schönheit, Liebe und Versorgung für mich. Nach so einem morgendlichen Gang mit Gott erlebe ich den ganzen Tag oft anders und bin in der Lage mich an kleinen Dingen wie einem Sonnenstrahl zu freuen, weil ich Ihn darin sehe.

Lectio Divina – Gott in seinem Wort begegnen

Denn eines müssen wir wissen: Gottes Wort ist lebendig und voller Kraft. Das schärfste beidseitig geschliffene Schwert ist nicht so scharf wie dieses Wort, das Seele und Geist und Mark und Bein durchdringt und sich als Richter unserer geheimsten Wünsche und Gedanken erweist.

(Hebr 4,12)

Lectio Divina ist wie ein Ort, an den wir gehen können. Es ist ein Raum der Ruhe und Annahme, in dem wir in eine Herz- zu Herz-Unterhaltung mit Gott eintreten. Mit der Zeit wird dieser Raum zum Ort der Verwandlung, an dem die Liebe Gottes unsere tiefsten Verletzungen anrührt und uns wiederherstellt.

Lectio Divina ist eine sehr alte Gebetsform, die in den ersten tausend Jahren ein prägender Bestandteil der kirchlichen Welt war. Es geht um eine Form des Lesens, Meditierens und Betens durch die Bibel, die ermöglicht, dass das Wort Gottes tief in unsere Herzen eindringen kann. Die Grundannahme der Lectio Divina ist, dass die Bibel durch den Heiligen Geist inspiriert wurde und Gott durch sie zu uns sprechen möchte. Lectio Divina ermöglicht uns, wie es im Kolosserbrief (3,16) heißt, „Gottes Wort *reichlich* unter uns wohnen zu lassen".

Das Lesen der Schrift als Gebetsform hat seine Wurzeln in der hebräischen Tradition. Die frühe Kirche übernahm diese Praxis und baute auf ihr auf. Dieses Vorgehen wurde später unter dem Namen Lectio Divina bekannt, dies ist Latein und heißt übersetzt *göttliche Lesung*.

Der heilige Benedikt, einer der frühen Väter der klösterlichen Bewegung, setzte Gebet, Arbeit und Lectio Divina als die drei Grundelemente ein, die den Tagesrhythmus der Benediktinermönche bestimmen sollten. Wegen ihrer Hingabe an die Bibel und die anderen heiligen Bücher der frühen Christenheit wurden die Benediktinermönche zu Bewahrern manch großer Literatur während der Unruhen des Mittelalters. Durch die Benediktiner ist auch die Praxis der Lectio Divina während der letzten 1500 Jahre lebendig geblieben.

Lectio Divina wurde von Guigo II.[1] weiterentwickelt, einem Mönch, der in Frankreich im zwölften Jahrhundert lebte. In seinem Buch *Scala Claustralium* (Leiter zu Gott), schreibt Guigo:

> „Eines Tages, ich arbeitete gerade mit meinen Händen, fing ich an, über die geistlichen Aufgaben der Menschen nachzudenken. Während ich grübelte, kamen mir vier geistliche Stufen in den Sinn: Lesen (lectio), Meditation (meditatio), Gebet (oratio) und die innere Einkehr (contemplatio). Das ist die Leiter, auf der die Mönche von der Erde zum Himmel gehoben werden. Es sind nur wenige einzelne Schritte, aber die zurückgelegte Entfernung kann nicht ermessen werden und ist unglaublich groß, weil der untere Teil (der Leiter) an der Erde befestigt ist und die Spitze durch die Wolken ragt, um uns die Geheimnisse des Himmels zu eröffnen."1

Anfangs bestand Lectio Divina aus vier, in der Reihenfolge austauschbaren Teilen. Durch Guigos Bearbeitung wurden die vier Teile aber dann als aufeinander aufbauende Schritte gesehen: *lectio, meditatio, oratio* und *contemplatio*.

Wir haben, um die Sache einfacher zu machen, die Abschnitte in *„lesen, bedenken, antworten und ruhen"* umbenannt und dazu noch eine vorbereitende Stufe *(Bereitschaft)* an den Anfang, sowie eine vertiefende Stufe *(vertiefende Wiederholung)* ans Ende gesetzt.

Ich (Charles) hörte zum ersten Mal von Lectio Divina

I   Bekannt auch als Guigo, der Kartäuser.

in dieser Form durch Michael Palandro[II] und war so davon angetan, dass ich die Übung direkt für mich übernahm. Ich fügte noch das Schreiben in meinem geistlichen Tagebuch zum Prozess hinzu. Das Aufschreiben des Reden Gottes empfinde ich als sehr hilfreich, um seine Worte an mich tiefer aufnehmen zu können

Dieses Bild soll Guigos Analogie mit der Himmelsleiter verdeutlichen.

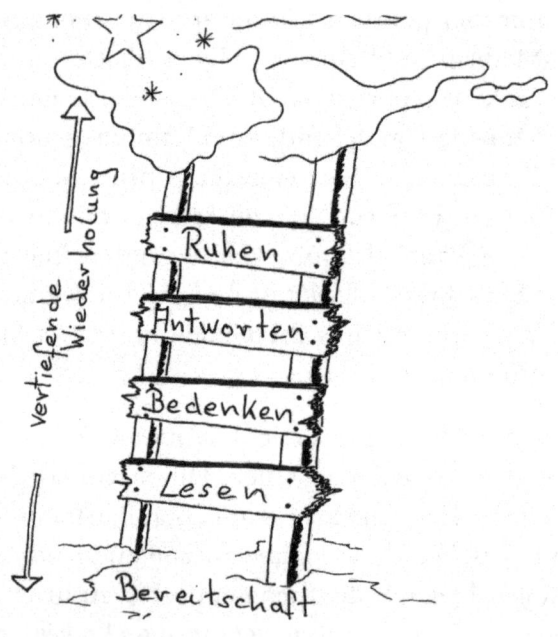

Die von uns benannten Stufen dienen nur zur Orientierungshilfe. Der Zweck von Lectio Divina ist, Gott durch sein Wort zu uns sprechen zu lassen. Zur Erinnerung: Unsere

---

II Leiter der Vineyard Christian Fellowship, Houston.

Absicht ist es, einen Freiraum zu schaffen, in dem wir Gott begegnen und *Ihn* die Unterhaltung bestimmen lassen.

Die daraus resultierenden Zeiten können sehr unterschiedlich sein. Manchmal bestätigt uns Gott dabei oder konfrontiert uns sanft. Manchmal gießt er einfach nur seine Kraft und Gnade auf uns aus und manchmal scheint er zu schweigen. Egal welche Erfahrung wir gerade mit ihm machen – wir dürfen tief in uns entdecken, dass Gott immer da ist, um uns zu lieben.

Mach dir also nicht zu viele Gedanken darüber, genau meinem Schema zu folgen. Zum Beispiel finden es einige einfacher mit der Ruhe (contemplatio) zu beginnen – dies können wir frei entscheiden, wie es für uns passt. Ich habe Zeitbegrenzungen für die einzelnen Teile angegeben, die Einsteigern helfen sollen ein gutes Maß zu finden. Die meisten finden solche Begrenzungen am Anfang hilfreich. Wenn du dich mit diesem Modell angefreundet hast, wirst du vermutlich deinen eigenen Rhythmus finden und nicht mehr auf die Uhr schauen.

Einige Worte über das Aufschreiben

Es gibt ein chinesisches Sprichwort, das sagt: gehört, vergesse ich; gesehen, erinnere ich, aufgeschrieben, verstehe ich. Das Schreiben wird traditionell nicht als Teil von Lectio Divina gelehrt, aber ich habe entdeckt, dass es bei der Verarbeitung unserer Gedanken und Reaktion auf Gottes Reden eine große Hilfe ist.

Es macht Sinn alle Schriftwechsel zwischen uns und Gott der Übersicht halber an *einem* Ort zu bewahren. Hier bietet sich ein Gebetstagebuch an. So ein geistliches Tagebuch ist nicht das gleiche wie ein herkömmliches Tagebuch. Normalerweise wirst du in ein Tagebuch meist nur deine täglichen Erlebnisse und Gedanken schreiben. Mit einem Gebetstagebuch wird dein Schreiben zum Gebet und zu einem Weg deine innere Reise mit Christus besser zu verstehen. Wie ich weiter oben schon schrieb, sind viele Psalmen zum Beispiel eine Art geistliches Tagebuch aus dem Leben Davids. Sie dokumentieren seine Kämpfe, seine Schmerzen und Zweifel, seine Enttäuschungen, seine von Gott offenbarten Einsichten und seine Siege. Sie zeigen einen roten Faden des Handeln Gottes in Davids Leben auf.

Hier zur Wiederholung die Tipps2, wenn du ein geistliches Tagebuch schreibst:

- Kaufe dir ein Taschenformat, was dir gefällt und deinen Zweck erfüllt.

- Datiere deine Einträge und versehe sie evt. auch mit Ortsangabe.

- Das Geschriebene ist nur deines und geheim.

- Schreibe ehrlich – schreibe für dich selbst, nicht für jemand anderen.

- Schreibe, nur wenn du es willst – lass es nicht zur Last werden.

- Nimm dir Zeit, deine Aufzeichnungen auszuwerten – gehe immer wieder zurück und überprüfe, was du geschrieben hast.

Geistliches Tagebuchschreiben hilft uns Gottes Aktivitäten in unserem Leben, festzuhalten, sichtbar zu machen, zu verarbeiten und zu archivieren. Bei der Lectio Divinia zu schreiben ermöglicht uns außerdem zu entschleunigen um unsere Gedanken, Gebete und Erkenntnisse besser ausdrücken zu können. Ausführlich berichten wir über das Führen eines geistlichen Tagebuchs in Kapitel 9.

So kann Lectio Divina in der Praxis aussehen

01   Bereitschaft

(5 Minuten)
Bereite dich vor, indem du einen Platz findest, an dem du nicht gestört wirst. Falls du diese Übung zu einem ständigen Teil deines Gebetslebens machen willst, hilft es einen regelmäßigen Zeitpunkt und dir vertrauten Ort zu wählen, an dem du dich wohl fühlst.

Meine (Charles) Gewohnheit ist es Lectio Divina am Anfang des Tages zu machen und zwar früh am Morgen, bevor der Rest der Familie aufsteht. Mein bevorzugter Platz ist ein weicher, gemütlicher Sessel im Wohnzimmer. Weil ein Teil von Lectio Divina eine Unterhaltung mit Gott ist, finde ich es passend, dabei einen Kaffee zu trinken. Unterhaltungen mit Gott entstehen oft durch innerliches Ruhigwerden, Warten und Hören.

Wenn du gemütlich sitzt, wähle eine kurze Passage aus der Bibel, nicht mehr als ein paar Verse. Mach dir keinen Kopf darüber, dass du relativ viel Zeit mit nur wenigen Versen verbringst. Unsere Absicht ist es, uns geistlich auszurichten, nicht einen Wettlauf durch die Bibel zu machen. Bei der Letio Divina geht es um Qualität – nicht um Quantität. Ein einziges Wort Gottes kann mehr Offenbarung bringen als das Studium hunderter Bücher. Es ist nicht unüblich, eine Woche oder mehr mit einem oder wenigen Versen zu verbringen.

Versuche jetzt still zu werden – nicht nur äußerlich, sondern vor allem in deinen Gedanken. Bitte Gott, dir während dieser Gebetszeit zu begegnen, und wende dann deine Aufmerksamkeit wieder dem Vers zu, den du ausgesucht hast.

02 Lesen

(5 Minuten)
Lectio kommt aus dem Lateinischen und bedeutet „Lesen". Lies den Text langsam, lass dein Bewusstsein auf jedem Wort ruhen - erfasse und genieße es. Lectio bedeutet voll Erfurcht zu lesen – hörend und bewundernd. Erwarte die stille, kleine Stimme Gottes, die zu dir ganz persönlich spricht – nicht laut, sondern vertraut. Oft schreibe ich die Verse zum Lesen auf, um mich besser auf sie fokussieren zu können.

Während du liest, achte auf ein Wort oder Satzteil, der dich besonders anspricht. Dieses Ansprechen kann einfach durch Optik, Interesse, inneren Eindruck, Emotionen oder sonstiges geschehen. Denk nicht darüber nach, ob dies nun das richtige Wort „von Gott" an dich ist, sondern lass dich einfach in die Schriftstelle hineinziehen. Wenn du ein Wort oder eine Stelle gefunden hast, die dich besonders anspricht, kannst du den nächsten Schritt angehen.

03 Bedenken

(10 Minuten)
Meditatio ist das lateinische Wort für Meditation. Meditiere über diesem Wort oder Ausdruck und erlaube ihm dich zu berühren. Benutze deinen Verstand, um dieses Wort zu analysieren, um herauszufinden, was es für dich bedeutet. Lass dieses Wort dich emotional berühren – gebrauche deine Vorstellungskraft.

Achte dabei auf Gefühle, Erinnerungen oder innere Bilder, die dir kommen. Fange an, deine Gedanken aufzuschreiben. Wichtig ist, dass du an dieser Stelle keine Bewertung deiner Assoziationen vornimmst – schreibe einfach alles *ungefiltert* nieder.

Indem wir unsere Gedanken zu dem von uns gewählten Wort niederschreiben, entleeren wir unseren Bezug dazu und ermöglichen Gott, frisch zu uns zu sprechen. Eine gute Möglichkeit ist beim Schreiben Stichworte oder eine Liste zu verwenden.

Jan Johnson schreibt zur Meditation über Bibelversen:

„Meditieren ist sich Zeit zu nehmen, eine Passage langsam zu lesen und unseren ganzen Sinn in stiller Wachsamkeit darauf auszurichten. Anstatt die Worte zu analysieren, begeben wir uns in die Verse hinein und lassen die Worte durch den Heiligen Geist sprechen um zu sehen, welche Wirkung sie in uns entfalten.

Meditieren beinhaltet gewöhnlich, ruhig zu werden, die Verse zu lesen und sie noch einmal lesen, um dann die Augen zu schließen, um gewahr zu werden, was heute zu uns spricht. Danach beten wir die Schriftstelle, um mit Gott darüber ins Gespräch zu gehen. Gott spricht zu uns durch sein Wort und wir antworten im Gebet."3

Dallas Willard macht folgende Feststellung über die Meditation der Bibel:

„Wir ziehen uns in die Stille zurück, wo wir uns im Gebet und ohne unterbrochen zu werden auf die

Schrift konzentrieren können. Auf diese Weise, kann sich ihre Bedeutung für uns enthüllen und uns formen, während Gott in den Tiefen unseres Herzens, unserer Gedanken und unserer Seele wirkt. Dieser Beschäftigung geben wir dabei ausreichend viel Zeit.

Während wir so meditierend denken, ist unser Gebet immer, dass Gott uns begegnen und zu uns ganz persönlich sprechen möge. Denn letzten Endes ist das Wort Gottes, Gott, der redet."4

Nachdem du deine Gedanken und Emotionen in einer von dir gewählten Art und Weise niedergeschrieben hast, bist du bereit für die nächste Stufe der Leiter.

04   Antworten

(10 Minuten)

Oratio ist das lateinische Wort für Gebet. In diesem Abschnitt antwortest Du auf deine Meditation mit Gebet. Frage Gott, warum gerade dieser Vers oder dieses Wort deine Aufmerksamkeit erregt hat – was möchte Gott durch dieses Wort zu dir sagen? Ich schreibe dafür gewöhnlich folgende Frage auf: „Was möchtest Du mir sagen?" Dann warte ich auf eine Antwort.

Nimm dir Zeit, zuzuhören und rede mit Gott über das, was du jetzt fühlst oder hörst. Versuche, was du von ihm hörst, an dieser Stelle nicht zu bewerten, sondern folge einfach seinen Impulsen. Wenn du nicht sicher bist, ob Dinge, die du niedergeschrieben hast, mit der Bibel oder dem Charakter Gottes übereinstimmen, kannst du später zurückgehen und diese bewerten. Bei einer direkten Bewertung unterbrichst du den Kommunikationsfluss zwischen dir und

Gott und es fällt dir unter Umständen schwer in die Aufmerksamkeit zurückzukehren.

Diese Zeit des Hörens und Aufschreibens ist dazu da, um in ein ehrliches Gespräch mit Gott zu kommen. Im Verlauf dieser Stufe fängt tiefe Veränderung in dir an, während Gott dir Wahrheiten über sich und dich anvertraut.

Hier ist ein Beispiel aus meiner (Charles) Praxis: Während ich eine Rückzugswoche leitete, bat ich die Teilnehmer, den Vormittag jeweils allein in Stille zu verbringen. Ich nahm die Gelegenheit um in dieser Zeit selber Lectio Divina zu machen und meditierte über Psalm 23,4:

„Selbst wenn ich durch ein finsteres Tal gehen muss, wo Todesschatten mich umgeben, fürchte ich mich vor keinem Unheil, denn du, Herr, bist bei mir! Dein Stock und dein Hirtenstab geben mir Trost. "

Ich fühlte mich von dem Satzteil angezogen: (...) *fürchte ich mich vor keinem Unheil, (...)*. Ich bedachte den Vers einige Zeit und überlegte, welche verschiedenen Arten von Unheil ich in meinem Leben aktiv sah. Das Übel, das ich dabei als stärksten Gegner empfand, war die Angst, andere zu enttäuschen. Als ich Gott fragte, was er mir dazu sagen wollte, antwortete er: „Du gibst diesem Unheil Macht in deinem Leben!" Gott fuhr fort über meine Neigung zu sprechen, schmerzhaften Emotionen und Entscheidungen aus dem Weg zu gehen und erklärte, dass dieses Verhalten Unheil in meinem Leben bevollmächtigte.

In diesem Moment spulte ich im Schnelldurchlauf in meinem Leben zurück und sah Ereignisse, in denen ich durch dieses Verhalten dem Unheil Macht gegeben hatte. Als ich Gott bat, mich zu befreien, sah ich vor meinem inneren Auge eine Autoritätsperson aus meiner Jugend, der ich es nie hatte Recht machen können. Das Bild machte deutlich, dass diese Person und mein Verhältnis zu ihr sich auf jede Beziehung in meinem Leben auswirkten. Dann sah ich Jesus hinter der Person, seine Arme ausgestreckt mit der Einladung, nicht mehr diese Person, sondern ihn dahinter anzuschauen und Gottes Trost und Kraft zu empfangen. Ich antwortete im Gebet und fing an eine tiefe Heilung und Veränderung in meinem Inneren zu spüren. Danach nahm ich mir Zeit einfach in der Liebe Gottes zu ruhen.

Dieses Ruhen in Gottes Liebe ist die nächste Stufe der *Lectio Divina Leiter.*

05   Ruhen

(5 Minuten)

Contemplatio ist das lateinische Wort für Kontemplation und meint einfach, wortlos und still in der Gegenwart Gottes zu ruhen. Der Sinn dieser Stufe ist nicht, ein Wort oder eine Offenbarung von Gott zu bekommen. Es geht darum, gewahr für Gottes Gegenwart in uns zu werden – in ihm zu ruhen, so wie er in uns ruht. Wenn wir in dieser Weise still mit ihm sitzen, offenbart sich ein echtes Mysterium – *wir entdecken uns in Ihm und Ihn in uns.*

Während dieser Stufe versuchst du nicht, deine eigenen Gedanken abzuschalten. Das wäre hier in der Tat kontraproduktiv. Im Gegenteil: Du versuchst Gott deine gesamte Aufmerksamkeit (geistig und emotional) zu geben und Ihn zu empfangen.

In diesem Moment kann sich leicht Frust einstellen, weil es für viele von uns schwierig scheint, jemanden zu empfangen, den wir nicht sehen und eventuell nicht mal spüren. Gottes Gegenwart zu empfangen, hat wirklich sehr viel mit Übung zu tun.[III] Um noch einmal Thomas Keating zu zitieren:

> „Empfangen ist eine der schwierigsten Arten von Aktivität, die es gibt. Gott zu empfangen ist das Hauptziel des kontemplativen Gebetes."5

Neben dem durch unsere westliche Kulturprägung oft erschwerten Zugang zum Übernatürlichen ist unser ergebnishungriger Lebensstil ein wesentlicher Grund, warum wir es als echte Herausforderung empfinden, einfach in Stille vor Gott zu sein. Deswegen ist für viele von uns diese Stufe die schwierigste. Sie löst innere Unruhe aus und erscheint als Zeitverschwendung. Obwohl viele Autoren aus diesem Bereich dazu ermutigen, täglich zwei zwanzigminütige, kontemplative Gebete zu beten, wird dieses Ansinnen die meisten von uns überfordern.

> „Kontemplation ist ein fremdes neues Land. (...) In ihm lernen wir eine neue Sprache (die Stille), eine neue Art zu leben (nicht *zu tun*, sondern *zu sein*), die bedeutet, dass unsere Gedanken und Pläne, unsere Vorstellungen, Gefühle und Empfindungen ausgetauscht werden gegen Glauben an das Unsichtbare und Nichtgefühlte. Gottes scheinbare Abwesenheit (in unseren Sinnen) ist hier seine Gegenwart - und sein Schweigen (gegenüber unserer gewohnten Wahrneh-

---

III   Wenn ich (Kristian) Menschen im geistlichen Coaching begleite, übe ich mit ihnen, gezielt Gottes Gegenwart wahrzunehmen: Wir bitten Gott gemeinsam uns spürbar mit seiner Liebe zu berühren. Ich bitte meinen Coache dann zu sagen, wann er Gott spürbar wahrnimmt und zu beschreiben, was Gott gerade an uns tut. Fällt es ihm schwer, Aussagen darüber zu machen, helfe ich mit Hinweisen oder bitte Gott, dass er sich meinem Gegenüber mehr offenbart. So und durch viele andere Alltagsübungen können wir lernen, sensibel für die Gegenwart Gottes zu werden.

mung) sein Sprechen. (...) Unser wahres Ich hier zu erkennen, heißt zu erkennen, dass Gott uns über alle Maßen liebt.6

Sollte es dir schwer fallen, innerlich zur Ruhe zu kommen, kannst du während des „Ruhens" ein kurzes Gebet auf den Rhythmus deines Atmens legen. Meistens nutze ich dazu den Satz: *„Ich empfange Deine Liebe ".* Ich atme ein: „Ich empfange", ich atme aus: „Deine Liebe". Wenn du dir diese Technik angewöhnt hast, kannst du sie im hektischen Alltag gut gebrauchen, um zur Ruhe zu finden.[IV]

Es gibt eine Geschichte über einen alten Bauern, die gut das Zur-Ruhe-Kommen vor Gott beschreibt.

„Jeden Mittag ging ein alter Bauer in die Dorfkirche, um zu beten. Er nahm dabei einfach hinten in der Kirche Platz, saß dann dort für einige Zeit still, um dann wieder aufzustehen und zu gehen. Eines Tages sprach ihn der Priester an: „Mein Herr, bringt sie eine Sorge in meine Kirche?"

„Oh, nein Vater", antwortete der alte Mann zufrieden, „Ich komme nur um Gott anzuschauen und mich von ihm anschauen zu lassen."

IV   Bei anderen Gelegenheiten benutze ich (Charles) den Rhythmus meines Atems auch um meine Meditation oder meinen Dialog mit Gott zu führen. Zum Beispiel, wenn ich die ersten Verse des Psalm 23 lese, und merke wie Gott zu mir über das Vertrauen zu Ihm als meinem Hirten spricht, wandle ich meine Empfindung in folgendes Atemgebet – ich atme ein: „Du bist", ich atme aus: „mein Hirte".

Das ganze ist längst nicht so mechanisch, wie es klingt. Es geschieht eine wundervolle Balance, wenn wir unser Gebet an den natürlichen Atemrhythmus anpassen. Diese Art zu beten ermöglicht uns, unsere Aufmerksamkeit auf Gottes Handeln in unserem Leben zu richten. Ebenso befähigt sie uns, der Aufforderung des Apostel Paulus zu folgen, unsere Gedanken auf Dinge zu richten, die wahrhaftig, ehrbar, gerecht, rein, liebenswert und rühmenswert sind. (Phil 4,8)

06 Vertiefende Wiederholung

Während des weiteren Tagesverlaufs kannst du wieder zu deiner Meditation zurückzukehren. Dies klingt vielleicht etwas herausfordernd, aber mit etwas Übung ist es im Alltag möglich. Gute Lücken dafür sind beispielsweise der Arbeitsweg, eine Wartezeit, das Duschen, die Mittagspause oder sonstige Gelegenheiten, die nicht viel Konzentration von uns erfordern.

Wir streben diese Wiederholung an, damit wir nicht – wie Jakobus es ausdrückt – „(...) in den Spiegel schauen, dann aber im Weitergehen wieder vergessen, wie wir aussehen." (Jak 1,23-24) Lectio Divina ist wie der von Jakobus beschriebene Spiegel und gibt uns Einblicke, wer wir und Gott wirklich sind. Durch wiederholtes „Blicken in den Spiegel" vertiefen sich diese Einblicke.

Es reicht nicht, einfach nur Gottes Worte zu hören und sie dann in ein wohlklingendes Gebet zu formen. Sein geisterfülltes Wort muss uns mehr in Jesus verwandeln. Nehmen wir uns Zeit seine Worte in uns wirken zu lassen, öffnen wir ihnen schließlich jede Tür unseres Herzens und erfahren dementsprechende Verwandlung. In dieser Verwandlung geht es nicht darum noch *christlicher* zu werden, sondern mehr *Christus* zu werden.

Kehre innerlich immer wieder an diesem Tag oder während einer ganzen Woche zu der von dir bedachten Stelle zurück. Lass das Wort reichlich in dir wohnen; lass zu, dass es deine Seele und deinen Geist durchdringt. Sei bereit dazu, Gott zu dir über deine Gedanken und die Haltung deines Herzens sprechen zu lassen. Rechne damit, dass sein Wort und Geist dich in diesem Prozess verändern – du musst dies nicht selber tun! Im Gebet bereiten wir einen Ort, an dem wir verwandelt werden können. Das Gebet selbst ist dabei allerdings nicht die Quelle unserer Veränderung - die christliche Spiritualität lehrt uns, dass nur Gott selbst uns verwandeln kann.

Ohne echte Begegnung mit ihm und daraus folgernder, geistlicher Erneuerung trägt Lectio Divina nur zum Aufbau unseres religiösen Egos bei. Die Frucht der Lectio Divina und anderen geistlichen Übungen, die wir in der Zurückgezogenheit ausüben, muss in unserem Alltag sichtbar werden und in unserem öffentlichen Leben zu einem jesusmäßigeren Lebensstil führen.

Viele machen die Erfahrung, dass Gott tiefer gehende Einsichten gibt, wenn sie mehrfach zum selben Vers zurückkehren. Wir können einzelne Bibelverse, in die Gott sein Leben haucht, kaum erschöpfen. Vor einigen Jahren las ich (Charles) die ersten Verse von Matthäus 5: *„Als Er aber das Volk sah, ging Er auf einen Berg und setzte sich; und seine Jünger traten zu Ihm. Und Er tat Seinen Mund auf, lehrte sie und sprach."*

Als ich dies las, spürte ich Jesu Einladung mit ihm zu sitzen, damit er mich lehren könnte, was er seine ersten Jünger gelehrt hatte. Er lud mich ein, mich mit Lectio Divina durch die ganze Bergpredigt zu bewegen. In der Folge verbrachte ich drei Jahre mit Jesus „auf diesem Berg" und hörte zu.

Die Bergpredigt einfach nur zu lesen dauert nicht mal eine Stunde. Die Verse zu analysieren und zu studieren dauert schon einige Wochen. Erlauben wir aber diesen Versen uns von innen her zu formen, können wir gut einige Jahre mit ihnen zubringen - wenn nicht ein ganzes Leben.

LECTIO DIVINA GEMEINSAM ERLEBEN

Lectio Divina kann auch gut im Rahmen einer Kleingruppe, mit der ganzen Familie oder mit dem Partner zusammen gemacht werden. In der Kleingruppe gibt der Anleiter eine kurze Einführung in jede Phase und das Aufschreiben. Danach leitet er die Gruppe durch jede der Phasen mit kurzen Anmerkungen. Während der Lese-Phase können die Teilnehmer die Verse abwechselnd einige Male laut lesen. Die einzelnen Vorleser können durch eigenen Impuls entscheiden, wann sie lesen möchten – der Anleiter sollte nur darauf achten, dass keine Eile vorherrscht. Jeder kann in seiner vorliegenden Übersetzung vorlesen – das Lesen aus unterschiedlichen Übersetzungen gibt den Teilnehmern eine weitere Möglichkeit ein Wort zu finden, das zu ihnen spricht.

Während der Phase des Bedenkens und Antwortens ermutigt der Anleiter die Teilnehmer nochmals, ihre Meditationen und Gebetsdialoge aufzuschreiben.

Nach der Antwortphase können einzelne, die sich frei fühlen, mitteilen, welches Wort sie ausgewählt haben und was sie dazu aufgeschrieben haben. Die anderen können Bestätigung geben, sollten aber keine Ratschläge oder Verbesserungen anmerken. Wenn die Ausführungen der Person dem Wort Gottes zu widersprechen scheinen, kann sich der Anleiter später unter vier Augen mit der Person darüber austauschen.

Danach verbringt die Gruppe miteinander die letzten fünf Minuten in der Ruhe-Phase. Übungen wie Lectio Divina als Gruppe zu machen, stärkt den Zusammenhalt und fördert die Authentizität miteinander.

Ich (Charles) erfahre zusammen mit Dianna Lectio Divina als ein tolles Gebetsmodell für die Ehe. Jahrelang war unser gemeinsames Gebet extrem mühevoll. Uns war klar, wie wichtig das gemeinsame Gebet für christliche Paare ist und wir strengten uns dem entsprechend an. Es war allerdings wirklich nicht besonders erbaulich, dem Gegenüber jeden Tag beim Vortragen seiner Bitten zu lauschen – unsere gemeinsame Gebetspraxis brachte einfach nicht die lebendige Spiritualität hervor, die wir uns wünschten.

Jetzt, wenn Dianna und ich Lectio Divina miteinander beten, lesen wir abwechselnd die Bibelstelle vor und schreiben dann getrennt unsere Meditationen und Gebetsdialoge auf. Danach lesen wir einander vor, was wir aufgeschrieben haben, um dann gemeinsam still vor Gott zu ruhen. Es ist eine echte Freude, diese Art von geistlicher Intimität in unserem Leben miteinander zu teilen.

ZUSAMMENFASSUNG

Lectio Divina scheint von der Technik her eigentlich fast zu simpel. Wir sollten jedoch aufgrund der Einfachheit keine falschen Rückschlüsse über ihre Wirkung ziehen.

Ich habe diese Übung mit Schülern und Studenten in ihren Klassenräumen gemacht; mit hunderten Jugendlichen bei einem Open-air Festival im Osten Deutschlands; mit zweihundert jungen Pastoren, die im Schneidersitz in einem heißen, schmutzigen Raum in Andhra Pradesh, Indien, saßen sowie in Seminarräumen mit ausgebrannten Pastorenehepaaren in Nordamerika. Jedes Mal wurde ich dabei neu überrascht und von Ehrfurcht gepackt, während ich erleben durfte, wie Gott seine Liebe und verändernde Gnade durch diese Übung an seine Kinder austeilte.

Teil 3

Eine bleibende Veränderung erleben

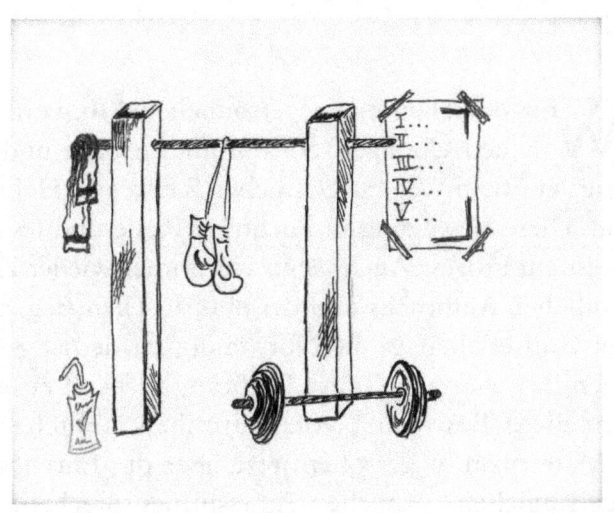

Kapitel 13

Mein geistlicher Fitnessplan

Das alles tue ich wegen des Evangeliums; denn ich möchte an dem Segen teilhaben, den diese Botschaft bringt. Ihr wisst doch, wie es ist, wenn in einem Stadion ein Wettlauf stattfindet: Viele nehmen daran teil, aber nur einer bekommt den Siegespreis. Macht es wie der siegreiche Athlet: Lauft so, dass ihr den Preis bekommt! Jeder, der an einem Wettkampf teilnehmen will, unterwirft sich einer strengen Disziplin. Die Athleten tun es für einen Siegeskranz, der bald wieder verwelkt. Unser Siegeskranz hingegen ist unvergänglich.

(1.Kor 9,23-25)

Wir brauchen einen persönlichen Mix von geistlichen Übungen, der uns mit Struktur und Ausrichtung auf dem Weg zu geistlicher Reife und Heiligung versorgt. Diese Bewegung in Richtung Reife und Jesusmäßigkeit ist ein Prozess. Auch wenn wir immer wieder Zeiten des geistlichen Aufbruchs und der dramatischen Begegnungen mit Gott erleben, ist die Notwendigkeit der langsamen, ständigen Bewegung in Gottes Richtung nicht zu ersetzen.

Um diese Bewegung voranzutreiben, brauchen wir einen Masterplan. Wir wollen jetzt über die Entwicklung eines persönlichen, geistlichen Fitnessplanes sprechen.

Als ich (Kristian) mich in einem Sportstudio anmeldete, wurden mir allerhand Fragen über meine Physis gestellt und mein Körper eingehend begutachtet. Dann führte mich eine Frau herum und zeigte mir die Geräte und Übungen, die ich machen sollte und gab mir auch einen Ablaufplan zur Erinnerung. Sie erklärte, dass jeder Körper anders sei und verschiedene Übungen, Abläufe und Gewichtsklassen zum optimalen Training brauchte. Der Plan half mir, nicht bei jedem Training neu überlegen zu müssen, welche Übungen ich jetzt mit wie vielen Wiederholungen machen sollte. Er gab mir Freiraum für das Wesentliche – die Übungen! Nachdem ich diesen Plan einige Wochen benutzt hatte (immer fleißig abhaken!) brauchte ich ihn nicht mehr, da ich meine Abläufe inzwischen gut im Kopf hatte und zunehmend ein Gefühl für meinen Körper bekam. Ein geistlicher Fitnessplan funktioniert genau so. Jeder muss seine Geistlichkeit fördern und trainieren – jeder hat aber auch individuelle Modelle, die ihm dabei helfen.

Vor einiger Zeit zog ich mich jeden Tag gezielt in die Stille zurück – es war mir zu diesem Zeitpunkt ein großes Bedürfnis und half mir dabei, Gott tief zu treffen. Kim fühlte sich durch meine Praxis angespornt und versuchte es genauso zu machen: Sie hasste es! Einfach in der Stille mit Gott sitzen, war für sie fürchterlich, sie erlebte keinen geistlichen Gewinn, sondern geistlichen Frust. Nach einiger Zeit beschloss sie ihre Stille-Zeiten im Café zu machen – mitten im Menschentrubel: „Wenn Gott mich treffen will, kann er es gerne hier tun" verkündete sie etwas flapsig. Und tatsächlich: Er tat es. Diese spezielle Umgebung ermöglichte es Kim, sich zu entspannen und so Gott wunderbar zu treffen und ihr geistliches Tagebuch zu schreiben. Sie machte diese Cafébesuche zum festen Teil ihres geistlichen Fitnessplanes (und unseres Budgetplanes).

Dallas Willard sagt diesbezüglich:

> „Es ist entscheidend als Jünger einen Plan zu haben, um den von uns gefassten Entschluss, wie unser Vorbild und Herr zu werden, zu vollziehen - d. h. immer mehr im Charakter und in der Kraft von Jesus zu leben. Jünger sind solche, die ernsthaft vorhaben, von innen heraus wie Jesus zu werden, und die systematisch und zunehmend ihr Leben auf dieses Ziel gerichtet unter der Leitung von Gottes Wort und Geist umorganisieren."[7]

Weil jeder Fitnessplan sich im Laufe unserer Leistungszunahme entwickelt, sollte unser geistlicher Fitnessplan dynamisch angelegt sein. Wir fangen mit wenig an und steigern unsere Übungen in dem Maße, *wie unser Hunger nach Gott zunimmt*. Eine innere Veränderung stoßen wir eher über kleine, aber regelmäßige Übungen an, anstatt nur sporadisch in extreme Leistungsschübe zu verfallen.

Der persönliche Sabbat als Einstieg in den Fitnessplan

Ein guter Einstieg bei der Entwicklung eines solchen Fitnessplans ist die Entwicklung eines persönlichen Sabbat-Rhythmus, indem du Zeiträume in deinem Alltag definierst zum *innehalten, beten* und *spielen* (siehe auch Kapitel 6). Zur Erinnerung fassen wir diese 3 Sabbatfundamente hier noch einmal zusammen.

Innehalten

Wir wählen uns einen ganzen Tag in jeder Woche – oder je nach Möglichkeit einen halben oder einen Vormittag[V] und blockieren diese Zeit in unserem Kalender. Dieser Tag ist jetzt unser Sabbat. Dies muss natürlich kein Sonntag sein, sondern ein Tag, an dem du nur Dinge tust, die deine Gottesbeziehung stärken und dich erfreuen.

Tage, an denen wir „frei haben", verwenden wir oft einfach um die Projekte und Besorgungen zu erledigen, die wir sonst nicht geschafft haben. Das ist allerdings nicht der Sinn eines Sabbats – echtes Innehalten kommt so nicht zustande.

Eugene Peterson, der Autor von „The Message" bemerkt dazu:

> „Um den Sabbat zu halten müssen wir ihn erst mal wirklich verstehen – und zwar biblisch verstehen und nicht kulturell. Ein weitverbreitetes Missverständnis,

---

[V]   Viele von uns empfinden ihr Leben als so angefüllt mit Aufgaben, dass der Gedanke, einen ganzen Tag beiseite zu nehmen, bedrohlich erscheint und eine innere Blockade verursacht. Der Einstieg über einen halben Tag ist in so einem Fall sinnvoll.

das den Sabbat trivialisiert, ist dessen Bezeichnung als „mein freier Tag". Ein „freier Tag" ist ein verfälschter Sabbat. Freie Tage sind nicht schlecht für uns, ganz sicher nicht, aber unser Sabbat sind sie nicht. Wie nützlich sie auch sein mögen, sie sind kein echter, sondern ein säkularisierter Sabbat. So ein Sabbat steht nicht für sich selber, sondern soll immer ein Ergebnis hervorbringen. Seine Motivation ist immer die Verfolgung eines Zieles: uns besser zu fühlen, Beziehungen zu stärken oder durch die Entspannung an den anderen Tagen mehr Leistung bringen zu können. Sein Zweck ist, unsere Belastbarkeit wieder herzustellen, unsere Motivation zu erhöhen und unseren Leistungsantrieb hoch zu halten.

Die Bedeutung des Wortes Sabbat ist allerdings: *Aufhören. Anhalten. Eine Pause machen. Runterfahren.* Der Begriff an sich spricht von nichts Frommen oder Heiligen. Es ist ein Wort, was aussagt, dass wir keinen Gebrauch einer uns zur Verfügung stehenden Zeit machen – Sabbat meint das, was wir gewöhnlich als Zeitverschwendung benennen. 8

Dieses Verständnis stellt eine echte Herausforderung in unserer Gesellschaft dar. Eine zunehmende Zahl von Menschen arbeitet kreativ oder freiberuflich, teils von zu Hause oder am Wochenende. Arbeit und Privatleben sind oft schwer zu trennen. Für viele Familien ist z.B. der Sonnabend genau so voll mit Aufgaben, wenn nicht noch voller, als die anderen Tage der Woche. Er wird benötigt um einzukaufen, zu putzen, Haushaltsaufgaben zu erledigen oder die Kinder zu Sport oder -Freizeitaktivitäten zu begleiten. Es ist wichtig zu verstehen, dass die Praxis des Sabbats, genau wie alle anderen Aufforderungen der Bibel für unser Wohlergehen und das unserer Familie vorgesehen sind und keine zusätzliche Last sein sollen.

Fehlen uns hier selber Ideen zur Umsetzung, kann man sich gut von den geistlichen Vorbildern im eigenen Umfeld inspirieren lassen. Wir können Menschen fragen, die wir als geistlich kraftvoll erleben wie sie *innehalten*. Ihre Tipps können wir ausprobieren und auf unseren Alltag anpassen.

Gott bewirkt in unserem Leben nicht nur das Wollen, sondern auch das Umsetzen seines Willens. Er schenkt uns Weisheit, Kreativität und ungeahnte Lücken in unserem Alltagsgewusel oder fordert uns gegebenenfalls einfach liebevoll auf, das eine oder andere Projekt zu verschieben oder aufzugeben. Wie immer er uns auch führt – seine Ansage für uns, den Sabbat zu halten, bringt mehr Frieden, Gesundheit und Ausgeglichenheit in unser Leben.

Innehalten bedeutet ausreichend körperliche und emotionale Ruhe zu bekommen. Wir finden in diese „Ruhe", indem wir täglich oder wöchentlich Zeit nehmen um auf der Landkarte unseres Lebens unseren Standort zu finden. Wir lassen in diesen Momenten den Druck des Tagesgeschehens schweigen und halten inne. Wir benutzen Fragen wie: „Wie geht es mir in meiner Jesusbeziehung? Wie geht es mir emotional? Wie geht es mir mit meinem Umfeld?"

Um an diese Fragen heranzugehen kann man z. B. das Examen benutzen.

Wiederum gilt: Wir können Gottes Wirken und unsere Entwicklung zu inneren Themen und Haltungen meist nur gut mitverfolgen, wenn wir Zwischenergebnisse aufschreiben.

Nachdem wir einen *wöchentlichen* Sabbatrhythmus gefunden und etabliert haben, können wir diese Praxis auf größere Zeitbereiche unseres Lebens ausweiten. Wir können beispielsweise alle zwei Monate ein Wochenende mit Gott allein verbringen, alle sechs Monate einen Kurzurlaub[VI] mit einem guten Freund festlegen oder einmal im Jahr einen Urlaub komplett ohne Arbeit und Aufgaben planen. Solch ein Sabbatrhythmus, der sich über das ganze Jahr zieht, funktioniert nur, wenn wir am Anfang des Jahres, die Zeiten konkret in unserem Terminkalender blockieren – der Gedanke spontan Zeit für ein Wochenende mit Gott zu haben ist zwar reizvoll, jedoch für die meisten von uns reine Phantasterei.

BETEN

Wir sehen Gebet im Rahmen unseres Sabbats nicht als Tätigkeit, sondern als *Begegnung mit Gott*. Es gibt dutzende von kontemplativen Gebetsmodellen und Übungen, die uns in der angestrebten Begegnung als Geländer dienen.

Ich (Charles) persönlich pendle in meiner aktuellen Lebensphase zwischen Lectio Divina, dem Examen und dem Spazierengehen mit Gott.

Pflegen wir den Rest der Woche unsere Gottesbeziehung nur wenig, kann es uns am Sabbat recht schwer fallen zu beten, weil wir einfach aus der Übung sind. Um in dieser Gewohnheit zu bleiben, ist es mein (Kristian) persönliches Ziel, wenigstens einmal am Tag eine Begegnung mit Gott zu haben. Auch wenn wir nur einige Minuten pro Tag für die direkte Begegnung mit Gott einräumen, ist dies besser als

---

VI   Meine Frau Kim liebt es Städteurlaube zu machen. Sie nimmt dafür mit einer Freundin 2-4 Tage, besucht irgendeine Metropole und rennt dort den ganzen Tag herum, um alles zu erkunden. Danach kommt sie froh und voll Energie wieder zu mir zurück – ein guter Deal für uns beide! Es hat sich bei uns das Sprichwort etabliert: „Schatz, du wirkst etwas angespannt – vielleicht ist es mal wieder Zeit für einen Städteurlaub?"

gar nicht zu beten.[VII] Entscheidend ist, dass wir mal einfach anfangen zu beten und zwar so wie wir sind und uns gerade fühlen. Warten wir mit dem Gebet bis wir „Lust darauf haben", uns „mit Gott im Reinen" oder „geistlich genug" fühlen, werden wir nur sehr selten beten! Gebet ist keine Frage des Gefühls, sondern Ausdruck unseres Beziehungswunsches zu Gott und die von ihm eingeräumte Möglichkeit direkten Kontakt mit ihm zu haben.

Haben wir lange kein Gebet gepflegt, scheint es uns als mühsame Übung, deren Sinn und Abenteuer verborgen sind. Wie jedoch manchmal der Appetit beim Essen kommt erleben wir, wie seine Nähe im Gebet in uns Sehnsucht nach seiner Nähe erwachsen lässt. Mit der Zeit wird das Gebet zu einem Ort, an dem wir aufgebaut, erfrischt, herausgefordert und erneuert werden.

Falls es dir schwer fällt Gebet als *Begegnung* zu erfahren, kannst du einen geistlichen Coach um Rat bitten oder das Thema in einem Zweiraum[VIII] oder in einer Gebetsgruppe mit Freunden angehen – so manches Bild kommt erst richtig zur Geltung, wenn der *Rahmen* stimmt.

SPIELEN

Spielen ist schwieriger, als es scheint. Diejenigen von uns, die in religiösem Umfeld aufgewachsen sind, werden es vor allem schwer finden, Spaß und christliche Spiritualität

---

VII   Beten wir (nach unserem Empfinden) zu wenig, bringen uns oft Schuldgefühle dazu, gar nicht zu beten, weil wir uns vor Gott schämen. Dieser Kreislauf muss durchbrochen werden. Der Anfang echten Gebetes ist zu verstehen, dass Gott uns liebt, auch wenn wir nicht beten! Jeder innere Druck, Gott durch unser Gebet erfreuen wollen, verhindert echtes Gebet.
VIII   Feste Rechenschaftsbeziehung mit einer anderen Person, die meist Austausch, Bekenntnis, gemeinsames Gebet beinhaltet.

zusammen zu bringen. Mit „Spielen" ist nicht das abend-
liche „Ausklinken" vor dem Fernseher, Internet oder der
Playstation gemeint, sondern eine Handlung, die aktiv er-
frischend, aufbauend und nicht nur betäubend wirkt.

Spielen bedeutet für jeden etwas anderes. Um in Balance zu sein, sollten wir ebenso lernen alleine zu spielen wie
auch in Gemeinschaft mit anderen. Der Hauptunterschied
zwischen dem Spielen und dem Arbeiten ist nicht so sehr
die Art der Tätigkeit, sondern eher die Frage, ob du sie tun
musst oder tun möchtest, weil du Freude daran hast und dadurch erfrischt wirst.

Praktische Tipps zum Aufbau deines Planes

Wenn du dir einen geistlichen Fitnessplan aufbauen
willst, ist es gut folgende Punkte dabei zu beachten.

01 Dein geistlicher Fitnessplan muss für dich machbar sein

Einen gesunden Rhythmus in unserem Leben zu entwickeln, wird offensichtlich Veränderungen erfordern. Unser
Alltag ist oft sowieso schon zum Maximum gefüllt. Es ist
schwer möglich in einer schon vollen Woche Zeit und Kraft
zu finden, um eine Pause einzuschieben, zu beten oder zu
spielen. Wie jeder Jongleur nur eine begrenzte Anzahl Bälle
in der Luft halten kann, so müssen auch wir lernen, unsere
Kapazität einzuschätzen. Kommt ein neuer Ball hinzu, müssen wir meist einen anderen dafür aufgeben.

Es ist gut mit ehrlichem Blick auf unsere Wochenaktivi-
täten zu schauen und uns zu fragen: Was will ich investieren,
um meine Beziehung zu Christus voranzubringen? Versuchen wir die kontemplative Spiritualität unserem Leben
einfach nur als Dekoration hinzuzufügen, werden wir ver-

mutlich scheitern. Unsere Umgestaltung in Jesus muss uns ein echtes Anliegen sein, für das wir bereit sind einen Preis zu zahlen. Allerdings müssen die praktischen Veränderungen, die nötig sind, um ein gesundes und wachstümliches, geistliches Leben zu entwickeln, nicht alle auf einmal stattfinden, sondern können langsam, eine nach der anderen geschehen.

02 Dein geistlicher Fitnessplan muss nachhaltig sein.

Beim Erlernen eines kontemplativen Lebensstils bringt es mehr Gewinn, mit kleinen Gewohnheiten zu beginnen und diese über einen längeren Zeitraum zu leben als uns zu schnell zuviel aufzubürden, um dann überfordert zu sein. Es geht weniger um die Menge von Übungen, sondern um deren feste Integration in unser Leben. Unser persönlicher Fitnessplan muss nachhaltig zu bewältigen sein.

03 Dein geistlicher Fitnessplan muss ein echtes Ergebnis bringen.

Das Ziel eines kontemplativen Lebens ist niemals der Lebensstil an sich, sondern eine echte, positive Verwandlung unserer Person. Wir müssen in Abständen unser Leben unter die Lupe nehmen und fragen, ob uns beispielsweise die Zeiten des Innehaltens, Betens und Spielens wirklich mehr in Jesus verwandeln. Merken wir, dass keine echte Veränderung stattfindet, können wir unsere Praxis und Motive hinterfragen und anpassen. Kontemplative Übungen sollen uns dienen und nicht andersherum.

04 Dein geistlicher Fitnessplan muss flexibel sein.

Das Leben ist voller Überraschungen, Unterbrechungen und Umwege. Mehr als einmal wurde Jesus selber beim Gebet durch die Notlagen anderer unterbrochen und war in der Lage sich den Gegebenheiten anzupassen. Für uns heißt das flexibel, aber nicht rückgratlos zu leben. Wir müssen uns selber genug lieben und wahrnehmen um „Nein, nicht jetzt!" sagen zu können. Unser *Nein* muss dann standhafter als das *Ja* der anderen sein.

05 Dein geistlicher Fitnessplan muss auf dich abgestimmt sein.

Dies ist *dein* geistlicher Fitnessplan. Er wird vermutlich anders aussehen als der deines Ehepartners oder Freundes. Was dir Leben gibt und dich innerlich stärkt, hängt stark damit zusammen, wer du eigentlich bist.

Als Diana und ich (Charles) nach Abläufen und Übungen suchten, um unsere Jesusbeziehung zu fördern, stellten wir fest, dass Übungen, die mich weiterbrachten, für sie nicht unbedingt funktionierten. Diana liebt es, über die Erfahrungen anderer Menschen Romane und Biographien zu lesen. Während sie liest, kommt sie zu Einsichten über ihr eigenes Leben. Sie liebt es auch, über ihre Erfahrungen und Empfindungen mit anderen ausgiebig zu sprechen. Ich dagegen neige mehr dazu, in der Zurückgezogenheit meine Erlebnisse zu verarbeiten und mich nur mit Gott allein darüber auszutauschen. Beide Herangehensweisen sind für uns persönlich gut und richtig, weil sie uns einen individuellen Raum geben, den wir zur inneren Bearbeitung brauchen.

Wir lernten, einander die Freiheit zu geben, herauszufinden, was am besten zu jedem von uns passt.

Bei dieser Suche nach unserem persönlichen Mix können wir problemlos verschiedene geistliche Übungen miteinander verbinden. Der Sinn einer geistlichen Übung ist niemals, die Übung an sich perfekt durchzuführen, sondern Raum in unserem Leben zu schaffen, damit wir Gott begegnen können und in ihn verwandelt werden. Traue dir zu, ein System zu entwickeln, was zu dir und deiner Gottesbeziehung passt.

Dallas Willard fasst dies gut zusammen:

> „Geistliche Übungen sind Orte, an denen wir Jesus treffen um von Ihm gelehrt zu werden – und Er zeigt uns auch wie die Übungen *uns* am besten dienen. *Wir sollten uns nicht zu sehr damit beschäftigen, wie andere die Übungen machen. In kurzer Zeit wird Jesus uns zeigen, wie es für uns am besten funktioniert.* "9

06 Dein geistlicher Fitnessplan muss in Gemeinschaft verwurzelt sein

Jesusnachfolge ist ein Teamsport. Es ist eher Fußball als Golf. Jeder hat seine Aufgabe und das Team braucht sich gegenseitig. Alle Autoren, die zum Thema geistliches Leben schreiben, warnen davor, Jesusnachfolge als Einzelkämpfer zu leben. Im folgenden Kapitel werden wir das näher betrachten.

Kapitel 14

Gott gemeinsam begegnen

Genauso sind wir alle (...) durch unsere Verbindung mit Christus ein Leib, und wie die Glieder unseres Körpers sind wir einer auf den anderen angewiesen. (Röm 12,5)

„Wer sich selber geistlich coacht, hat einen Narren als Coach." Altes Weisheitswort

„Die Frau, die sich von ihrem Mann geistlich coachen lässt, hat einen Narren als Coach." (Moderne Variation)

Die moderne Variante dieses alten Sprichwortes stammt von meiner Frau Dianna und ist natürlich nicht ganz ernst gemeint. Als wir nach einem Weg suchten, als Paar gemeinsam das kontemplative Gebet zu erlernen, sagte ich öfter zu ihr: „Ich bin nicht dein geistlicher Coach, aber wenn ich es wäre, würde ich dir folgendes raten...". Eines Tages hatte sie genügend Ratschläge von mir gehört und antwortete mit dem abgewandelten Sprichwort - wir mussten beide lachen und ich lernte in der Folge meine Kommentare sparsamer einzusetzen.

Jesus lebte während seines gesamten Dienstes in Gemeinschaft und er sandte auch seine Jünger mindestens zu zweit für ihre Aufträge aus[IX]. Die Jünger formten direkt nach seiner Auferstehung wieder eine Gemeinschaft, woraus die Urgemeinde in Jerusalem hervorging. Echte Gemeinschaft mit Geschwistern beschleunigt viele geistliche Wachstumsprozesse und bietet einen Ort des Trostes und Zuspruchs für uns.

Aus dieser Tatsache heraus ermutigt uns die christliche Tradition dazu, beim Erlernen eines kontemplativen Gebetslebens die Führung eines geistlichen Coaches in Anspruch zu nehmen. Für die meisten von uns ist die Förderung durch einen geübten Coach allerdings nur schwer möglich. Zum einen begegnen wir nicht vielen Menschen, die als geistlicher Coach ausgebildet sind. Zum anderen bedeutet die Zusammenarbeit mit einem Coach oft, sich Hilfe außerhalb der eigenen geistlichen Gruppierung zu suchen – diese Hinwendung ist für viele durch Misstrauen und Vorurteile unan-

---

IX   Im Gegensatz dazu geht Judas allein um Jesus zu verraten (Joh 13,30).

genehm und schwer vorstellbar.

Als Alternative können christliche Gemeinschaften sichere Räume bieten, in denen Menschen Gottes Führung und Handeln in ihren Leben verstehen und bearbeiten können. Menschen, die durch Lebensumbruchsphasen wie beispielsweise eine Midlife-Crisis, berufliche Neuorientierung oder Familiengründung gehen, brauchen diese Art Hilfestellung besonders. Die christliche Gemeinschaft an sich bietet hier ungeahnte Möglichkeiten der gegenseitigen Hilfe.

In seinem Buch *Satisfy Your Soul* liefert Bruce Demarest eine ausgezeichnete Anleitung, die uns hilft, Wege aufzuspüren unser gemeinschaftliches Leben und kontemplative Gebetsübungen zusammen zu bringen.10 Wir haben seinen Entwurf in Teilen übernommen und einige eigene Gedanken hinzugefügt. Seine Vorschläge bewegen sich zwischen sehr informellen, unstrukturierten und partnerschaftlichen Abläufen hin zu mehr formalen, strukturierten, stark geleiteten Beziehungen.

01 BÜCHER ÜBER DAS GEISTLICHE LEBEN

Wir sollten den ungeheuren Wert der Erfahrungen derer nicht verachten, die vor uns mit Christus gelebt haben. Während wir selber mutige Schritte gehen, spenden uns die geistlichen Reiseberichte von anderen enorme Hilfe und Trost. Wir müssen in Biographien nicht mit allem übereinstimmen, was der Autor schreibt, um dennoch großen Gewinn aus seinen Gedanken ziehen zu können.

Als ich beispielsweise *When the Heart Waits* von Sue Monk Kidd las, nützte es mir sehr dabei, meine eigene Reise mit Gott besser zu verstehen. Ihr nächstes Buch *The Dance of The Dissident Daughter* veranlasste mich die Beschäftigung mit meinem Innenleben zu überdenken und forderte mich heraus, sie christuszentriert zu halten.

Das Lesen der Bücher von Dallas Willard, Bruce Demarest, Jan Johnson und M. Robert Mulholland über das innere geistliche Leben half mir, die frühen kontemplativen Praktiken der Mönche für mein Umfeld und meine Zeit neu zu interpretieren.

Thomas Merton, Richard Foster und Henry Nouwen forderten mich heraus, in größere Tiefen meines geistlichen Lebens vorzustoßen.

Das einfache und kleine Buch *Read, Think, Pray, Live* von Tony Jones brachte die Praxis von Lectio Divina in mir zum Leben.

Thomas Keatings Bücher über das Gebet der Sammlung lehrten mich in Gott zu ruhen.

Sleaping with Bread von Dennis Linn, Sheila Fabricant Linn und Matthew Linn halfen mir das Examen zu verstehen und anzuwenden.

Diese und andere Bücher waren beim Erlernen des kontemplativen Lebensstils meine Begleiter. Aber egal wie hilfreich und anregend Bücher und Berichte anderer auch sind - sie dürfen niemals das Ausleben von eigenen geistlichen Kulturen ersetzen. Über das Leben eines anderen zu lesen und nicht selber in Bewegung zu geraten, führt zu geistlichem Voyeurismus und Träumerei.

02   EINE GEISTLICHE FREUNDSCHAFT

Jemand anders zu kennen, der sich an einem ähnlichen Ort seiner geistlichen Reise befindet, ist ein großer Segen. So ein *geistlicher* Freund können ein oder zwei Personen sein, die uns von ihrer Reife und Lebenserfahrung her entsprechen – in so einer Beziehung kann man gut für einander beten, sich unterstützen und ermutigen. Eine solche Beziehung kann man natürlich auch gut mit dem eigenen Ehepartner eingehen. Einige Menschen zu haben, mit denen wir ehrlich geistliche Einsichten und Gedanken teilen können, ist ein ungemeiner Segen.

Mein (Charles) Freund und Co-Leiter, Jim Kimbrough, fing fast gleichzeitig mit mir an einen kontemplativen Lebensstil zu erlernen - seine Einsichten, Erfahrungen und Ermutigung waren für meine eigenen Fortschritte sehr hilfreich.

03 EIN GEISTLICHER RATGEBER

Hierbei geht es um eine weitere informelle Art Hilfe zu bekommen. So eine Person hat die Bereitschaft, mit uns gelegentlich über schwierige Themen zu sprechen, uns ein Buch zu empfehlen oder uns einfach zuzuhören. Dies kann ein geistlicher Leiter, ein reiferer Christ oder einfach ein Mensch mit mehr Lebenserfahrung sein.

04 EINE KLEINGRUPPE ZUR SPIRITUAL FORMATION

Dies ist eine Gruppe, die sich regelmäßig trifft, um gemeinsam geistliche Übungen zu praktizieren oder sich über geistliche und persönliche Themen auszutauschen. Dies braucht die Bereitschaft zu gegenseitiger Rechenschaft und Verschwiegenheit. Die Gruppe kann einen ernannten Leiter haben oder auch nicht. Am Anfang der Entwicklung meines kontemplativen Gebetslebens waren diese Gruppen für mich von unschätzbarem Wert.

Bei der Gründung einer solchen Gruppe können die folgenden Regeln für geistliche Kleingruppen aus Jan Johnsons Buch *Savoring Gods Word* hilfreich sein. Einige von ihnen wurden von uns modifiziert.

Offenheit

Ich will so aufrichtig und ehrlich sein, wie es mir möglich ist. Ich sehe diese Gruppe als geschützten Raum, wo ich auch tiefgehende Emotionen teilen kann, Versagen bekennen und Fragen stellen darf, die vielleicht seltsam erscheinen.

Vertraulichkeit

Ich werde niemandem außerhalb der Gruppe erzählen, was ein anderer aus der Gruppe gesagt hat – nicht einmal meinem Ehepartner oder abwesenden Teilnehmern. Ich darf weiter erzählen, was ich gesagt habe, aber nicht, was ein anderer gesagt hat.

Annahme

Ich werde andere nicht bewerten, ihnen Ratschläge geben oder sie kritisieren – auch nicht in meinen Gedanken. Sollte ich Dinge denken wie „Er macht das völlig falsch" oder „Sie wird diese Meditation niemals begreifen", werde ich diese Selbstgespräche in ein Gebet für diese Person umwandeln und mich dann selber wieder auf die Übung konzentrieren.

Das Gespräch in der Gruppe

Ich verstehe, dass es bei dieser Gruppe nicht um das Diskutieren von Bibelfragen oder das Gespräch miteinander geht. Die Gruppe hat das Ziel, in der Gemeinschaft Gott zu suchen. Ich werde mich deswegen kurz halten, wenn ich etwas beizusteuern habe. Wenn mich an einer Übung etwas tiefer beschäftigt, werde ich das nach dem Treffen mit einer anderen Person besprechen.

Gottes wundersames Wirken

Ich verstehe, dass andere Teilnehmer bei gemeinsamen Übungen andere Einsichten haben werden als ich. Gott trifft jeden von uns an dem Ort, wo er jetzt gerade der Verwandlung in Christus bedarf. Für jeden von uns ist dieser Ort verschieden. Ich halte Unterschiede im Temperament, in der Geschwindigkeit und in den Bedürfnissen innerhalb der Gruppe aus. Zu einigen sprechen Bibelstellen mit Metaphern und Bilder besonders; andere können sich gut mit biblischen Personen identifizieren; noch andere lieben einfach die Stille vor Gott. Ich werde das Wunder genießen, wie Gott zu jedem von uns individuell spricht.

Die Freiheit zu schweigen

Niemand ist dazu verpflichtet, während des Treffens etwas beizusteuern. Wenn ich gerade keine Antwort auf eine Frage geben möchte, weil mir keine Antwort kommt oder ich mich nicht vor der Gruppe mitteilen möchte, sage ich einfach „weiter" und muss dafür keine Erklärung geben.

Achtsamkeit

Ich nehme mir vor, die Gruppentreffen regelmäßig zu besuchen und dort auch offen für die Bedürfnisse anderer zu sein.

05   EIN GEISTLICHER MENTOR

Hierbei geht es um eine eher festgelegte Beziehung, in der ein reifer Christ modellhaft seinem Mentee regelmäßige Anleitung und Schulung zu dessen geistlicher Entwicklung und Berufung gibt. Der geistliche Mentor ist jemand, der auf seiner eigenen Reise schon weit voraus ist und Bereitschaft hat seine Weisheit und Erkenntnisse weiterzugeben.

Zwei Beraterinnen waren für mein (Charles) geistliches Wachstum in wichtigen Momenten entscheidend. Beide Frauen sind ausgebildete Seelsorger und Psychologen. Sie selbst sind durch *die dunkle Nacht der Seele* gegangen und mit der Art und Weise vertraut, wie Gott seine Kinder führt.

Meine Freundin Judy Davids half mir, meinen persönlichen Sabbat-Rhythmus zu entwickeln.

Dr. Donna McCoy half Diana und mir einen dreimonatigen Sabbat in Europa für uns gewinnbringend zu strukturieren.

06   EIN SPIRITUAL DIRECTOR

Hier geht es um eine sehr strukturierte Vereinbarung, in der ein darin trainierter und erfahrener Christ es jemand anderem ermöglicht, in der Beziehung und im Gehorsam Christus gegenüber gezielt zu wachsen. Der Spiritual Director hat normalerweise die Gabe der Unterscheidung, Weisheit und Erkenntnis; viele sehen sogar die Rolle des Spiritual Director selber als eine Geistesgabe. Seine primäre Aufgabe ist es, Menschen zu helfen, ihre Beziehung zu Gott zu entwickeln.

Dies ist ein sehr spezialisierter geistlicher Dienst, der vergütet werden sollte. Verschiedene Kirchen haben unterschiedliche Grundsätze bezüglich der Bezahlung des geistlichen Dienstes. Einige christliche Gemeinden möchten nicht, dass ihre Spiritual Director Geld annehmen. Andere empfehlen, eine Spende an den Orden oder die den Dienst bereitstellende Gemeinschaft zu geben. Viele Spiritual Director arbeiten selbstständig, in diesem Fall sollte die Vergütung direkt erfolgen.

ZUSAMMENFASSUNG

Die geistlichen Übungen entstanden in einer christlichen Kultur, die gemeinschaftliches Leben verstand und umarmte. Das kontemplative Gebet sollte, um echten Gewinn zu bringen, im Kontext von gegenseitiger Unterordnung und Gemeinschaft ausgeübt werden.

Ein lang eingeübtes Verhaltensmuster zu verändern, erfordert eine Menge Energie und Disziplin - besonders zu Beginn. Mit anderen zusammen durch solche Prozesse zu gehen, von ihnen ermutigt und angespornt zu werden, bringt oft den Unterschied zwischen Gelingen und Scheitern.

Anhänge

Anhang 01

Lectio Divina - Versvorlagen

Wenn du anfangen willst, Lectio Divina in dein Gebetsleben einzubauen, stellt sich natürlich die Frage, mit welchem Bibelvers du beginnen solltest. Im gewissen Sinne ist es egal, welchen Vers du nimmst. Die ganze Bibel ist von Gott inspiriert. Wenn es ein Thema gibt, über das Gott mit dir reden möchte, kann er das tun, egal ob du die Psalmen oder die Evangelien liest.

Wenn du Lectio Divina eine Zeitlang gemacht hast, wirst du feststellen, dass Gott immer wieder durch verschiedene Passagen die *gleichen Themen* anspricht, bis Er die Verwandlung in uns bewirkt hat, die Er im Auge hatte.

Um anzufangen, nimm einfach eine der Bibelstellen, die deine Lieblingsstellen sind und schau, was Gott durch diese neue Art der Beschäftigung durch sie zu dir zu sagen hat. Die Psalmen eignen sich auch gut für einen Einstig in Lectio

Divina, genauso die Briefe von Johannes, da sie sehr bildhaft geschrieben sind.

Du kannst natürlich auch gezielt Lectio Divina benutzen, um dir biblische Wahrheiten anzueignen, die Lebensbereiche betreffen, mit denen du Mühe hast. Solche Wachstumsbereiche finden wir meist im *offenbarten Selbst* oder *privaten Selbst* des Johari Fensters (Kapitel 4). Die Übung eignet sich hervorragend, um Gottes Wahrheiten in unser Selbst zu integrieren. Noch einmal der wichtige Hinweis: Lectio Divina hat nicht das Ziel, möglichst viele Bibelstellen durchzuackern, sondern unsere Seele in den Charakter und in die Persönlichkeit von Jesus zu formen.

Es ist auch empfehlenswert mit Lectio Divina durch die Bergpredigt zu gehen. So kannst du die *gesegnete* Person werden, von der Jesus spricht – er möchte uns in diese gesegnete Person formen. Wenn du dich mit Lectio Divina durch längere Bibelpassagen bewegst, kannst du auch mal pausieren und dich einer anderen Passage zuwenden. Als ich durch die Bergpredigt ging, tat ich dies für mich alleine. Abwechselnd damit bearbeitete ich mit Dianna zusammen den 1. Johannesbrief.

Es ist gut Lectio Divina in Lebensbereichen wirken zu lassen, wo du stärker Gottes Wirken sehen möchtest. Vielleicht sind dies Dinge wie Versorgung, Ruhefinden, Freude, Liebe für den Nächsten. Du suchst einfach gezielt nach einer Bibelstelle, die dein Thema aufgreift, meditierst über sie und wartest auf Gott, dass er zu dir spricht.

Wir haben einige Themenblöcke zusammengefasst, die dir am Anfang helfen können. Wenn du an einem Themenblock arbeiten willst, denke daran, besser mit einem Vers in die Tiefe zu gehen, als alle abhaken zu wollen.

Gottes Liebe

Jesaja 62,5
Joh 3,16
Eph 2,4–7
1. Joh 2,1–3
1. Joh 4,7–19

Der Heilige Geist

Joh 14,16–17
Joh 7,38–39
Joh 16,13
Rö 8,15
Rö 8,26–27
Apg 2,17–18

Ruhe finden

1. Mose 2,3
2. Mose 20,8–11
3. Mose 29,31
Jer 50,6
Ps 23
Mar 2,27–28

Gottes Stimme hören

Joh 10,27–30
Jer 31,33–34

Demut

Mat 18,1–5
Phil 2,3–11

Barmherzigkeit mit armen und benachteiligten Menschen

Jes 58,2–8
Luk 4,18–19
Mat 25,34–40
1 Tim 6,17–18

Gott und die Schöpfung

Ps 8,1–9
Ps 19,1–4
Mat 6,26

Fruchtbarkeit

Ps 1,1–3
Joh 15,1–5
2. Pet 1,3–10

Gottes Worte

2. Tim 3,16
1. John 2,14
Kol 3,16
Heb 4,12–13
Spr 4,20–23
Ps 119,9–18

Vergebung

Mat 5,44–45
Rö 12,17–21
Luk 6,35–38
1. Joh 1,8–9

Geduld

Jak 1,2–4
Jak 5,7–8
Gal 6,9
Heb 6,12
Heb 10,36

Alter Mensch/Neuer Mensch

Joh 12.23–26
Rö 6,3–11
Kol 3,5–11

Meditation über Gottes Wort

Jos 1,7–9
Ps 1,1–3
Ps 119,14–16
Spr 4,20–23

Christus in mir

Joh 11,25–27
Gal 2,20
Kol 1,26–28
1. Joh 4,15–17
Off 3,19–21

Geistlicher Rückzug

Mar 1,35–38
Mar 6,30–32
Mat 14,22–24

Anhang 02

Lectio Divina – Kurz-Bedienungsanleitung

01   Bereitschaft

Finde einen Ort, an dem du ruhig werden kannst und ungestört bist.

Wähle eine kurze Bibelstelle oder einen Vers.

Bitte Gott, dich während dieser Gebetszeit zu treffen.

Bereite ggf. dein geistliches Tagebuch vor.

02   Lesen

(5 Minuten)
Lies den Vers langsam, gib jedem Wort deine Beachtung.

Achte auf die kleine, leise Stimme Gottes.

Gib Acht, ob ein Wort oder Satzteil deine Aufmerksamkeit besonders anzieht.

03   Bedenken

(10 Minuten)
Bedenke das Wort oder den Vers, das oder der dich besonders angesprochen hat.

Benutze deinen Verstand und Sinn, um es zu analysieren: Schreibe alle Assoziationen auf, die dir dazu kommen (auch wenn sie erstmal abwegig erscheinen).

Schreibe alle Emotionen oder Erinnerungen auf, die das Wort in dir erweckt.

04   Antworten

(10 Minuten)
Antworte auf das Wort (dies kann schriftlich oder mündlich geschehen).

Frage Gott, warum gerade dieses Wort deine Aufmerksamkeit bekommen hat – was möchte er dir damit sagen?

Rede mit Gott darüber, was du empfindest oder hörst. Nimm dir Zeit, weiter zu hören.

05   Ruhen

(5 Minuten)
Ruhe in Gottes Gegenwart.
Sei einfach innerlich und äußerlich still in seiner Gegenwart.

06   Vertiefende Wiederholung

Kehre immer wieder zu dem Vers und deinen Gedanken während des laufenden Tages zurück.

Kehre zurück mit der Intention, das, was Gott zu dir gesprochen hat, Teil deines Seins werden zu lassen.

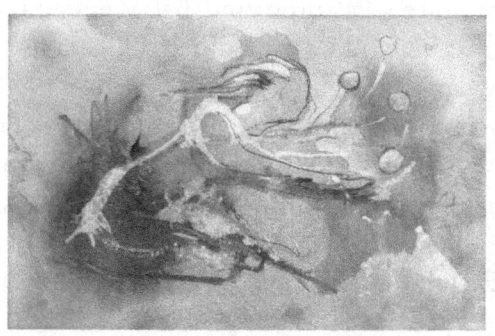

Anhang 03

Empfohlene Quellen für geistliches Leben

Die hier folgenden Bücher haben mich (Charles) begleitet, während ich durch den Lebensmitteübergang in meinem eigenen Leben ging und mich von meinem Burnout erholte. Egal wie hilfreich Bücher wie diese auch sind, sie ersetzen auf keinen Fall Menschen in unserem Umfeld, die bereit sind uns zu lieben und zu verstehen, während wir durch starke Veränderungszeiten in unsrem Leben gehen.

Die wichtigste Quelle von Stärke, Leben und Verwandlung erhielt ich allerdings in der Begegnung mit Gott im Gebet. Die Erfahrungen, der Trost und das Verständnis von anderen können das persönliche Hören der Stimme Gottes und die Annahme Seiner Gnade und Veränderung nicht ersetzen.

Judy Davids ist Missionarin, professionelle Seelsorgerin und führt Rückzugswochen durch. Sie ist verheiratet mit dem Theologen Peter Davids. Judy arbeitet seit vielen Jahren mit ausgebrannten Pastoren und hat Rückzugswochen in Europa, den USA und Canada durchgeführt. Sie ist Leiterin in der Vineyard Bewegung und hat in verschiedenen Gemeinden Seelsorge- und Widerherstellungsprogramme aufgebaut. Gott benutzte Judy, um mich herauszufordern und meinen zerstörerischen Business-Lebensstil zu beenden und einen persönlichen Sabbat-Rhythmus zu entwickeln. (Judy@davidsnet.ws)

Das **Pecos Benediktiner Kloster** befindet sich in der Nähe von Santa Fe, New Mexico. Die Mönche und Schwerstern leben in der Tradition, des Hl. Benedikt (480–547). Das Kloster bietet die Möglichkeit, Rückzugszeiten zu erleben. Ich wurde hier als Spiritual Director ausgebildet. Die gebetsgesättigte Atmosphäre, die Freundlichkeit der Mönche und Schwerstern und die Schönheit des Ortes wirkten zu dieser Zeit wie Sauerstoff auf meine Seele. (www. pecosmonastery. org)

Dallas Willard ist einer der bedeutendsten Autoren über geistliches Leben in unserer Zeit. Seine Bücher *Hearing God, The Spirit of the Disciplines, The Divine Conspiracy, and Renovation of the Heart* sind Klassiker der christlichen Literatur unserer Tage. Auf seiner Homepage (www.dwillard.org) finden wir viele gute Artikel über das geistliche Leben. Willards Arbeiten haben mir geholfen das kontemplative Gebet im Rahmen meiner Spiritual Formation einzuordnen.

M. Robert Mulholland jr. ist Professor des Neuen Testamentes am Asbury Theological Seminary. In seinen Büchern *Invitation To A Journey* und *The Deeper Journey*, spricht er über die Selbstprojektionen, hinter denen wir uns verstecken und hilft dem Leser sein wahres Selbst, was in Christus zu finden ist, zu entdecken.

Richard Foster ist Autor verschiedener Bestseller wie *Celebration of Discipline, Streams of Living Water* und *Prayer*. Er ist Gründer der Bewegung Renovare, die zur geistlichen Erneuerung der weltweiten Kirche beitragen will. Foster hat die Gabe alte geistliche Tradition und Weisheit für den heutigen Leser verständlich zu übersetzen.

Jan Johnson ist evangelikale Schriftstellerin, Rückzugsleiterin und Bibellehrerin. In ihren Büchern *Savoring God's Word* und *When the Soul Listens* gibt sie eine biblisch fundierte Einleitung zum kontemplativen Gebet.

Tony Jones' Bücher sind herrlich einfach geschrieben und vermitteln eine gute Einführung in kontemplative Spiritualität. Jones wird von vielen als Teil des Emerging Church Movements gesehen. Es gelingt ihm beim Schreiben über kontemplatives Gebet eine gute Mischung aus historischem Hintergrund, biblischer Theologie und praktischer Anwendung zu schaffen. Seine beiden Bücher *Divine Intervention: Encountering God through the Ancient Practice of Lectio Divina* (Früherer Titel: *Read, Think, Pray, Live*) und *The Sacred Journey* sind mir besonders ans Herz gewachsen.

David G. Brenner ist Psychologe, Spiritual Director und Rückzugsleiter. Dazu ist er Autor vieler Bücher wie

Sacred Companions, Surrender to Love und *The Gift of Being Yourself.* Das letztere hat mir die Augen dafür geöffnet, dass gesunde Spiritualität nicht nur bedeutet Gott zu kennen, sondern auch sich selbst zu kennen.

Thomas Keating und **M. Basel Pennington** sind Benediktinermönche. Keatings Bücher, *Open Heart, Open Mind* und *Intimacy with God,* sowie Penningtons Buch, *Centering Prayer* sind moderne Klassiker über die uralte Praxis des kontemplativen Gebets. Diese Bücher enthalten sowohl eine historische Perspektive wie auch christliche Theologie und praktische Anwendungen. Beide beschauen das Thema aus katholischer Perspektive. Keatings Homepage (www.centeringprayer.com) bietet großartige Ressourcen.

Cynthia Bourgeault ist Bischöfin. Sie leitet geistliche Rückzugszeiten, Konferenzen und schreibt über das geistliche Leben. Ihr Buch *Centering Prayer and Inner Awakening* ist leicht zu lesen und ein Muss für jeden, der tieferes Interesse an Centering Prayer hat. Bourgeault gibt wertvolle Kommentare zu den Werken von Thomas Keating und stellt diese in ein neues Licht.

Dr. Bruce Demarest ist Professor am Denver Seminary. Er hat Bücher zum Thema Psychologie, Theologie und kontemplativem Gebet veröffentlicht. Sein Buch *Satisfy Your Soul* gibt einen guten Überblick und eine Einführung ins kontemplative Gebet. Demerest bringt evangelikales Denken und ein kontemplatives Herz zusammen. Wenn ich in evangelikalen Kreisen über kontemplatives Gebet lehre, ermutige ich immer dazu *Satisfy Your Soul* als Vertiefung oder Vorbereitung zu lesen.

Janet O. Hagbert ist Sprecherin, Spiritual Director und Sozial-Aktivistin. **Robert A. Guelich** war Professor für Neues Testament am Fuller Seminary. Ihr Buch *The Critical Journey* ist eines der besten Bücher über den Prozess der Formung, durch den Gott uns in verschiedenen Jahreszeiten unseres Lebens führt. Wollen wir verstehen, wie unsere Spiritual Formation als lebenslanger Prozess stattfindet, ist dieses Buch eine extrem hilfreiche Wahl.

Leland Ryken ist Professor für Englische Geschichte am Wheaton College. Er ist Autor von über 20 Büchern. Sein Buch, *Redeeming the Time: A Christian Approach to Work and Leisure* war für mich lebensrettend, weil es mir eine Theologie für mein Arbeitsverhalten gab. Es half mir eine evangelikale Sicht für Freizeitgestaltung zu entwickeln. Ryken führt Wissen aus der Literatur, Wissenschaft, Geschichte, Theologie und Bibel zusammen. Sein Buch ist einfach geschrieben und hat überzeugende Argumente zur Entwicklung eines Lebensstils, der sich durch Arbeit und Freizeit gleichermaßen auszeichnet.

Peter Scazzero leitet eine große, multikulturelle Gemeinde in Queens, N.Y. City. Sein Buch *Emotionally Healthy Spirituality* beschreibt den Zusammenhang zwischen geistlicher und emotionaler Reife. Er bietet eine bibelzentrierte Zusammenführung der Themen emotionale Gesundheit und kontemplatives Gebet. Dieses Buch ist sehr für Gemeindeleiter zu empfehlen.

Fred Lehr ist Pastor in der Evangelical Lutheran Church. Sein Buch *Clergy Burnout* ist speziell für Gemeindeleiter geschrieben. Lehr spricht darin über den Zusammenhang zwischen Burnout und Co-Abhängigkeit. Er beschreibt wie co-abhängige Pastoren co-abhängige Gemeindesysteme bauen, um selbst überleben zu können. Dieses Buch war für mich sehr schmerzhaft zu lesen. Ich empfehle es allen Leitern, die empfinden, dass sie in einer Co-Abhängigkeit zu ihrer Gemeinde stehen oder das Gefühl haben, sich in Richtung Burnout zu bewegen.

Sue Monk Kidd ist durch die Veröffentlichungen *The Secret Life of Bees* und *The Mermaid Chair* zu einer Bestsellerautorin geworden. Ihre früheren Werke haben Inhalte zum christlichen Leben. Im Buch *When the Heart Waits* beschreibt sie ihre Reise aus der evangelikalen in die kontemplative Spiritualität. Dieses Buch war ein wichtiger Meilenstein für mich, während ich in meiner Neuorientierung versuchte herauszufinden, wie Gott in meinem Leben wirkte. Ihr Folgewerk *The Dance of The Dissident Daughter* beschreibt ihre Hinwendung aus orthodoxem Glauben hin zu geheiligtem Feminismus. Dieses Buch löste einen Schock bei mir aus und trieb mich an, meine eigene innere Reise neu zu justieren. Es offenbarte mir die Fallen und Gefahren, die der Versuch, sein eigenes Inneres zu erforschen, mit sich bringen kann. Mir wurde dabei bewusst, dass C. G. Jung mehr Einfluss auf mich ausübte als die biblisch geleitete Spiritualität. Dianna und ich waren beide sehr beeindruckt von Sue Monk Kidds Ehrlichkeit und Mut. Ich empfehle *When the Heart Waits* für alle, die spüren, dass sie durch einen Umbruch in der Mitte ihres Lebens gehen.

James Finley ist ein ehemaliger Trappistenmönch, der im Studium stark durch Thomas Merton beeinflusst wurde. Finley hat eine Reihe von Büchern über das kontemplative

Leben geschrieben. Sein Buch *Merton's Palace of Nowhere: A Search for God Through Awareness of the True Self* bietet eine gute Einführung in Thomas Mertons Sicht über Gebet und Kontemplation. Thomas Merton ist einer der bekanntesten geistlichen Denker unserer Zeit.

Dennis Linn, Sheila Fabricant Linn und **Matthew Linn** haben mit *Sleeping With Bread* ein wundervolles und einfaches Buch über das Examen geschrieben. Dieses Buch bietet eine charmante und moderne Adaption der Spiritualität des Ingatius von Loyola. Es ist ein Muss für alle, die lernen wollen Gottes Aktivität in ihrem Alltag mehr wahrzunehmen.

DANKSAGUNGEN

Vorbereitung der Übersetzung
Irmtraud Reschke

Überarbeitung des Manuskripts
Jenny Düwel
Sascha Groß
Melanie Wedemann
Christina Sonntag
Annette Feichtinger
Alexandra Schmelzer

Lektorat
Kerstin Trusch

Kunst und Kreativität
Erika Schaden - www.facebook.com/daisydesignsart
Bild Kapitel 3, 5, 7, Anhänge, Index

Zita Mock - Zitamiklos@hotmail.com
Bild Kapitel 2, 4, 6, 8, 12, 14, Anhänge 3

Hendrik Jakobi - HendrikJacobi@gmx.net
Bild Kapitel 9, 10, 11, 13, Anhänge 1, 2

Patricia Gebhardt
Bild Kapitel 1

Endnoten Kapitel 1-4

1   Dallas Willard, *The Spirit of the Disciplines: Understanding How God Changes Lives,* (HarperCollins Publishers, 1988), p. ix

2   Cynthia Bourgeault, *Centering Prayer and Inner Awakening* (Cowley Publications, 2004), p. 67

3   Dallas Willard, *The Spirit of the Disciplines: Understanding How God Changes Lives*, (HarperCollins Publishers, 1988), p. ix

4   Richard Foster, *Prayer: Finding the Heart's True Home* (HarperCollins Publishers, 1992)

5   John Wimber, *"Revisiting Vineyard Priorities: Worship"* (Equipping the Saints, Volume 6, Number 3, Summer 1992)

6   David G. Benner, *The Gift of Being Yourself: The Sacred Call to Self-Discovery,* (InterVarsity Press, 2004), p. 64

7   Richard Foster, *Celebration of Discipline: The Path to Spiritual Growth* (HarperCollins Publishers, 1978)

8   Dallas Willard, *The Spirit of the Disciplines: Understanding How God Changes Lives,* (HarperCollins Publishers, 1988) pp. 156-191

9   Dallas Willard, *"How Does the Disciple Live?"* (www.dwillard.org)

10   Jan Johnson, *When The Soul Listens: Finding Rest and Direction in Contemplative Prayer* (NavPress, 1999), p. 37

11   M. Robert Mulholland Jr., *Invitation to a Journey: A Road Map for Spiritual Formation,* (InterVarsity Press, 1993) p. 12

12   M. Robert Mulholland Jr., *Invitation to a Journey: A Road Map for Spiritual Formation,* (InterVarsity Press, 1993) p. 37

13   M. Robert Mulholland Jr., *Invitation to a Journey: A Road Map for Spiritual Formation,* (InterVarsity Press, 1993) p. 41

14   Thelma Hall, *Too Deep For Words: Rediscovering Lectio Divina* (Paulist Press, 1988), p. 49-50

15   David G. Benner, *The Gift of Being Yourself: The Sacred Call to Self-Discovery*, (InterVarsity Press, 2004), p. 53-54

16   James Finley, *Merton's Palace of Nowhere: A Search for God*

Through Awareness of the True Self, (Ave Maria Press, 1978), p. 99
17   Thomas Merton, *New Seeds of Contemplation,* (New Direction Books, 1972), p. 31

Endnoten Kapitel 5-6

1   Dr. Bruce Demarest, *Soul Guide: Following Jesus as Spiritual Director,* (NavPress, 2003)

2   Peter Scazzero, *Emotionally Healthy Spirituality: Unleash a Revolution in Your Life in Christ,* (Integrity Publishers, 2006)

3   Sue Monk Kidd, *When the Heart Waits: Spiritual Direction for Life's Sacred Questions,* (HarperCollins Publishers, 1990)

4   M. Robert Mulholland Jr., *Invitation to a Journey: A Road Map for Spiritual Formation,* (InterVarsity Press, 1993)

5   M. Robert Mulholland Jr., *Invitation to a Journey: A Road Map for Spiritual Formation,* (InterVarsity Press, 1993), p. 85

6   Sue Monk Kidd, *When the Heart Waits: Spiritual Direction for Life's Sacred Questions,* (HarperCollins Publishers, 1990), p. 52

7   Sue Monk Kidd, *When the Heart Waits: Spiritual Direction for Life's Sacred Questions,* (HarperCollins Publishers, 1990), p. 151

8   Dr. Bruce Demarest, *Satisfy Your Soul: Restoring the Heart of Christian Spirituality* (NavPress, 1999), p. 212

9   M. Robert Mulholland Jr., *Invitation to a Journey: A Road Map for Spiritual Formation,* (InterVarsity Press, 1993), pp. 94-95

10   Frank L. Baum, *The Wizard of Oz,* (1900)

11   James Finley, *Merton's Palace of Nowhere: A Search for God through Awareness of the True Self,* (Ave Maria Press, 1978), p.47

12   M. Robert Mulholland Jr., *Invitation to a Journey: A Road Map for Spiritual Formation,* (InterVarsity Press, 1993), p. 20

Endnoten Kapitel 7

1   Judy Davids, *Pastor's Sabbath Retreat* (September 21 - October 1, 2004; September 11 - 22, 2007)

2   Dr. Bruce Demarest, *Satisfy Your Soul: Restoring the Heart of Christian Spirituality* (NavPress, 1999), p. 126

3   Leonard Doohan, *Leisure: A Spiritual Need* (Ave Maria Press, 1990), p. 46

4   Dallas Willard, *Renovation of the Heart: Putting on the Character of Christ*, (NavPress, 2002), p. 175

5   Robert Clinton (*Leadership development lectures*, Southwestern Christian University Graduate School, 1999)

6   Dallas Willard, *Renovation of the Heart: Putting on the Character of Christ*, (NavPress, 2002), p. 159

7   Dallas Willard, *Renovation of the Heart: Putting on the Character of Christ* (NavPress, 2002) pp. 175–176

8   Peter Scazzero, *Emotionally Healthy Spirituality: Unleash a Revolution in Your Life in Christ,* (Integrity Publishers, 2006) p. 56

9   Leland Ryken, *Redeeming the Time: A Christian Approach to Work & Leisure* (Baker Books, 1995) p. 64

Endnoten Kapitel 8 - 11

1   Adele Ahlberg Calhoun, *Spiritual Disciplines Handbook: Practices That Transform Us*, (InterVarsity Press, 2005), p. 208

2   M. Basil Pennington, *Centering Prayer: Renewing an Ancient Christian Prayer Form*, (Doubleday, 1980) p. 18

3   M. Basil Pennington, *Centering Prayer: Renewing an Ancient Christian Prayer Form,* (Doubleday, 2001) pp. 26–27

4   Tony Jones, *The Sacred Way: Spiritual Practices for Everyday Life*, (Zondervan, 2004) p. 74

5   Adele Ahlberg Calhoun, *Spiritual Disciplines Handbook: Practices That Transform Us,* (InterVarsity Press, 2005), p. 57

6   David G. Benner, *The Gift of Being Yourself: The Sacred Call to Self-Discovery,* (InterVarsity Press, 2004), p. 56

7   Jan Johnson, *When The Soul Listens: Finding Rest and Direction in Contemplative Prayer* (NavPress, 1999), p. 45

8   Thomas Keating, *Open Mind, Open Heart: The Contemplative Dimension of the Gospel*, (The Continuum International Publishing Group Inc, 1992), p. 71

9   Judy Davids, *Pastor's Sabbath Retreat* (September 21 – October 1, 2004; September 11 – 22, 2007)

10   Ken Gire, *Seeing What Is Sacred: Becoming More Spiritually Sensitive to the Everyday Moments of Life*, (W Publishing Group, 2006), p. 19

Endnoten Kapitel 12–14

1   Tony Jones, *The Sacred Way: Spiritual Practices for Everyday Life*, (Zondervan, 2004) p. 49-50

2   Judy Davids, *Pastor's Sabbath Retreat* (September 21 – October 1, 2004; September 11 – 22, 2007)

3   Jan Johnson, *Savoring God's Word: Cultivating the Soul- Transforming Practice of Scripture Meditation,* (NavPress, 2004), p. 22

4   Dallas Willard, *The Spirit of the Disciplines: Understanding How God Changes Lives,* (HarperCollins Publishers, 1988) p. 177

5   Thomas Keating, *Open Mind, Open Heart: The Contemplative Dimension of the Gospel*, (The Continuum International Publishing Group Inc, 1992), p. 71

6   Thelma Hall, *Too Deep For Words: Rediscovering Lectio Divina* (Paulist Press, 1988), p. 49

7   Dallas Willard, *"How Does the Disciple Live?"* (www.dwillard.org)

8   ed. H.B. London, Jr., *Refresh, Renew, Revive* (Tyndale House Pub, 1996), Eugene Peterson, "The Pastor's Sabbath," pp. 81 – 87
9   Dallas Willard, *"How Does the Disciple Live?"* (www.dwillard.org). Emphasis mine.

10   Dr. Bruce Demarest, *Satisfy Your Soul: Restoring the Heart of Christian Spirituality* (NavPress, 1999), p. 195